Destino, escolha e liberdade

Editora Appris Ltda.
1.ª Edição - Copyright© 2025 da autora
Direitos de Edição Reservados à Editora Appris Ltda.

Nenhuma parte desta obra poderá ser utilizada indevidamente, sem estar de acordo com a Lei n° 9.610/98. Se incorreções forem encontradas, serão de exclusiva responsabilidade de seus organizadores. Foi realizado o Depósito Legal na Fundação Biblioteca Nacional, de acordo com as Leis n°s 10.994, de 14/12/2004, e 12.192, de 14/01/2010.

Catalogação na Fonte
Elaborado por: Dayanne Leal Souza
Bibliotecária CRB 9/2162

D771d 2025	Dreckmann, Iara Destino, escolha e liberdade / Iara Dreckmann. – 1. ed. – Curitiba: Appris, 2025. 107 p. ; 21 cm.
	ISBN 978-65-250-7264-7
	1. Autoconhecimento. 2. Espiritualidade. 3. Escolhas. I. Dreckmann, Iara. II. Título.
	CDD – 248.4

Appris editorial

Editora e Livraria Appris Ltda.
Av. Manoel Ribas, 2265 – Mercês
Curitiba/PR – CEP: 80810-002
Tel. (41) 3156 - 4731
www.editoraappris.com.br

Printed in Brazil
Impresso no Brasil

IARA DRECKMANN

Destino, escolha e liberdade

Curitiba, PR
2025

FICHA TÉCNICA

EDITORIAL	Augusto V. de A. Coelho
	Sara C. de Andrade Coelho
COMITÊ EDITORIAL	Marli Caetano
	Andréa Barbosa Gouveia (UFPR)
	Edmeire C. Pereira (UFPR)
	Iraneide da Silva (UFC)
	Jacques de Lima Ferreira (UP)
SUPERVISORA EDITORIAL	Renata C. Lopes
PRODUÇÃO EDITORIAL	Sabrina Costa da Silva
REVISÃO	J. Vanderlei
DIAGRAMAÇÃO	Amélia Lopes
CAPA	Danielle Paulino
REVISÃO DE PROVA	Bianca Pechiski

Conhece-te a ti mesmo e conhecerás o universo e os deuses.

(Sócrates)

Agradecimentos

AOS FILÓSOFOS E PENSADORES DA LIBERDADE

Aos grandes filósofos e pensadores da liberdade, minha mais profunda gratidão. Vocês, que com coragem e sabedoria, desafiaram as convenções e ousaram sonhar com um mundo onde o espírito humano pudesse ser livre. Suas palavras foram faróis que iluminaram o caminho para a autonomia, a expressão autêntica e a dignidade humana.

Desde os tempos antigos até os dias atuais, vocês nos inspiram a romper correntes, a questionar normas e a buscar um sentido mais profundo na vida. Com suas ideias, nos convidam a refletir sobre a verdadeira essência da liberdade – não apenas como um direito, mas como uma responsabilidade de vivermos plenamente, em harmonia com nós mesmos e com o universo em nosso redor.

Obrigada por nos lembrarem que a liberdade é um estado de ser, que nasce do autoconhecimento, do respeito às diferenças e do amor incondicional pela vida em todas as suas formas. É graças a vocês que seguimos em frente, guiados pela luz do pensamento livre e pela coragem de sermos quem realmente somos.

A todos que buscam a essência de sua verdade e a liberdade de ser quem realmente são. Que cada página deste livro inspire coragem para fazer escolhas conscientes e abraçar o destino que ressoa com sua alma. que a jornada da descoberta e da transformação ilumine o caminho de cada um de vocês.

Com amor e gratidão
lara Dreckmann

Apresentação

É uma obra que convida o leitor a uma profunda reflexão sobre a natureza da existência e a intersecção entre o destino e o livre-arbítrio. Com uma abordagem inspiradora, o livro explora como, ao longo da vida, somos guiados por forças invisíveis e circunstâncias que parecem predestinadas, mas, ao mesmo tempo, somos chamados a fazer escolhas conscientes que mudam o nosso caminho.

A obra oferece uma perspectiva sobre o papel da liberdade interior, destacando que, embora o destino possa traçar certos aspectos da vida, é através das escolhas conscientes que encontramos nossa verdadeira liberdade e poder pessoal.

Com toques de sabedoria espiritual e práticas de autoconhecimento, o livro inspira uma jornada de despertar e expansão de consciência, onde o leitor se torna o cocriador de sua realidade.

"DESTINO, ESCOLHA E LIBERDADE" é um convite a abraçar o poder transformador das decisões e a reconhecer a responsabilidade que temos sobre nossas vidas, caminhando com autenticidade, coragem e liberdade espiritual.

Prefácio

Vivemos em um mundo repleto de dualidade – luz e sombra, dúvida e certeza, controle e rendição. Entre esses opostos, surge a pergunta: até que ponto somos mestres de nossos próprios destinos? Esse livro: DESTINO ESCOLHA E LIBERDADE, surge como um convite a explorar nossas profundezas e descobrir o que realmente significa ser livre.

Ao longo da vida, somos apresentados a momentos que parecem definidos por forças além de nosso controle – eventos, encontros e desafios que parecem traçados por algo maior. É nesse ponto que muitos se questionam: o que é o destino? Será que estamos destinados a seguir um caminho fixo, ou há em cada curva, uma escolha esperando para ser feita?

A autora nos conduz por essas reflexões com uma clareza que toca o coração e com a profundidade de quem já percorreu essas estradas. Com uma sabedoria prática e espiritual, ela oferece não respostas prontas, mas caminhos que incentivam o leitor a encontrar suas próprias verdades. Em DESTINO ESCOLHA E LIBERDADE, aprendemos que, embora o destino nos dê certos pontos de partida, é através de nossas escolhas que definimos os rumos de nossa jornada.

Esta obra é mais do que uma reflexão filosófica, é uma prática espiritual de libertação. Ela nos desafia a sair da passividade e nos convida a tomar posse de nossa própria vida, de nossas escolhas, e de nossa liberdade interior. Aqui o destino não é visto como uma prisão, mas como uma possibilidade – um ponto de partida que só ganha sentido quando abraçamos o poder de escolher e, ao fazê-lo, transcende os limites do que achamos inevitável.

Ao abrir as páginas deste livro, convido você leitor, a questionar, a se aprofundar e a se libertar das ilusões que limitam o seu potencial.

Que esta jornada te leve a perceber que a verdadeira liberdade não está no afastamento do destino, mas na maneira como escolhemos vivê-lo. Este é um caminho que só você pode trilhar, com coragem, autenticidade e, acima de tudo, com a liberdade que nasce da consciência. Com gratidão.

Garopaba, SC

Raphael A.

Sumário

QUEM SOU EU?...17

OS TRÊS MUNDOS..19

A FORMAÇÃO DE SUA PERSONALIDADE....................20

AS RAÍZES DO SOFRIMENTO..25

CAUSAS DO SOFRIMENTO...28

CONTRATOS DA ALMA..30

O QUE É DESTINO?..33

O PODER DO LIVRE ARBÍTRIO.....................................35

SOBRE O PENSAR E A CONSCIÊNCIA........................37

QUEM FAZ AS ESCOLHAS?..40

PERCEPÇÕES INCORRETAS..43

EGO E ESSÊNCIA...45

RECONHECIMENTO...48

AÇÃO E REAÇÃO...51

DEIXANDO A VIDA FLUIR..54

CONFIANÇA E ENTREGA..55

SINAIS OU ACASOS NO CAMINHO?............................58

SINCRONICIDADE É UMA CONVERSA COM A VIDA....60

SORTE OU AZAR?..63

ALÉM DA CRENÇA...67

AS MENTIRAS QUE CONTAMOS..................................72

NÃO MORRA ANTES DE MORRER 74
SOLTE AS AMARRAS DO PASSADO 78
O KARMA E O PROCESSO EVOLUTIVO 81
ENTENDA A FELICIDADE 84
CELEBRE A MATURIDADE 87
IMPRIMA CRIATIVIDADE 90
LIBERDADE E RESPONSABILIDADE 95
A ESSÊNCIA DA EXISTÊNCIA 97
ÚLTIMA LIBERDADE 101
SEJA SUA PRÓPRIA LUZ 104

QUEM SOU EU?

Você saberá quem você é quando souber quem você não é.

Cada pessoa é uma expressão única da essência divina, e compreender quem somos envolve descobrir nossa conexão com essa essência. É uma jornada de autoconhecimento desafiadora, que vai além das aparências superficiais e das identificações externas. É um processo de descobrir e experienciar a essência profunda e verdadeira do Ser. Que é descrita como divina, infinita, e interconectada com toda a existência.

A divindade é uma possibilidade que existe dentro de você. Não é algo que está fora; é uma possibilidade que está dentro de você. Se você busca essa possibilidade; ela se torna real. Se você não vai até esse ponto, ela é irreal.

Não há resposta para essa pergunta. Ela não pode ser esclarecida... ela só pode ser experienciada. Investigue-se! Cedo ou tarde, você será obrigado a descobrir que, se realmente quiser saber, terá que escavar em um só lugar...dentro de si mesmo.

Permaneça com a pergunta; somente se auto investigando e não buscando. Não tente encontrar uma resposta, mas esteja alerta e consciente. Quando a mente parar de questionar... o coração saberá.

A própria consciência, o fogo da consciência queima a questão. O sol da consciência dissolve a pergunta... ela desaparece.

Você sem a pergunta é a resposta.

A pergunta desaparece como desaparece a escuridão quando você acende uma luz, quando você acende uma lâmpada.

Não há resposta; há apenas um estado de consciência onde o questionamento desaparece. Você apenas tem uma clareza, uma clareza de visão e percepção.

Quando a consciência se torna uma luz intensa, a pergunta começa a dissolver. E quando a pergunta se dissolve, você não consegue dizer quem você é... mas você sabe.

OS TRÊS MUNDOS

Mundo Material: Esse é o mundo da dualidade. O bem e o mal. A luz e a escuridão se esbarram aqui. Os eventos se desdobram em linha reta. Cada pessoa é um pequeno grão de areia na vastidão da natureza. Percorremos este mundo motivados pelo desejo. Deus permanece fora do nosso alcance porque é a única coisa que não podemos ver, tocar, falar a respeito ou conceder. Enquanto permanecemos na dualidade, o ego-personalidade dominará. Tudo gira em torno do eu.

Mundo Sutil: Esse é o mundo da transição. O bem e o mal não são rigorosamente separados; a luz e a escuridão se fundem em tons de cinza. Por trás da máscara do materialismo, sentimos uma presença. Nós nos aproximamos dela usando a intuição e o insight. Os eventos aleatórios começam a revelar padrões ocultos. Percorremos esse mundo sutil motivados pelo desejo de encontrar um sentido para as coisas. A natureza se transforma em um palco para a alma. Tudo gira em torno da autoconsciência e de sua expansão.

Mundo Transcendente: É a origem da própria realidade. Na origem, há a unicidade, um estado de unidade. Nada é dividido nem está em conflito. O véu do materialismo cai completamente. O bem e o mal; a luz e a escuridão se fundem. Percorremos este mundo sutil motivados pelo nosso Ser Superior, inseparável de Deus, o estado do ser supremo.

O ego individual se expande para se transformar em consciência universal. Tudo gira em torno da consciência pura.

A FORMAÇÃO DE SUA PERSONALIDADE

Vamos começar compreendendo de uma maneira simples de como o seu ser e sua personalidade se relacionam, e como a personalidade e as suas camadas se formam e se desenvolvem.

1 VOCÊ É CONSCIÊNCIA SEM FORMA

Na essência, antes de nascer você não tem forma. Você é a própria consciência... você é eternidade.

Você é consciência sem forma que possui as qualidades do amor, da alegria, da Liberdade, e da paz. Você é consciência. Você já é o que está procurando. Tudo que está buscando, você já é. Você é a verdade e nada mais que a verdade, a sua natureza é o amor. A paz é sua essência. Você é liberdade infinita.

Você é o pano de fundo sobre o qual, tudo se sobressai, antes de ter um corpo você é vastidão infinita, consciência ilimitada, espaço e paz infinitos, harmonia, verdade e liberdade.

2 O SEM FORMA MANIFESTA-SE NA FORMA

Um dia seus pais têm uma relação sexual. O óvulo e o esperma se encontram e de repente esta consciência incrivelmente vasta se manifesta através de uma pequenina célula que começa a se multiplicar, a formar o corpo. O sem-forma se incorpora no corpo-mente.

Enquanto seu corpo se desenvolve dentro do útero, você permanece profundamente ligado ao sem-forma. Sua mãe é onipresente e o envolve por todos os lados. O alimento chega generosamente através do cordão umbilical. Tudo o que você precisa estar lá: alimento e calor. Não há com que se preocupar. Você experiencia a eternidade.

Então vem o momento cataclísmico do nascimento. A unicidade eterna se desfaz e você sai do útero. Você chega... você nasce. A sua mente é uma página em branco. Se tiver um bom começo, você viverá alguns anos neste vazio, no presente. Todos os momentos serão encantados e a emoção se expressará em sua totalidade.

3 ENTRANDO NO MUNDO DA DUALIDADE

Lá pelos três anos de idade, a mente antes vazia já começa a registrar alguma coisa, e as palavras e os conceitos tornam-se sua linguagem. Você migra para o mundo polarizado, o mundo da dualidade, e passa a viver cada vez mais na mente. Da unicidade e da aceitação incondicional das coisas como elas são. Começa a criar estratégias e mecanismos de defesa para moldar-se às expectativas do mundo.

4 O ROMPIMENTO COM A ESSÊNCIA

A partir desse distanciamento da espontaneidade, inicia-se o processo de divisão interna na criança, e em um dado momento, uma situação específica acaba completando a cisão. É nesse ponto que a entidade em evolução perde a conexão consigo mesma. Nesse momento esquecemos quem somos e passamos a acreditar sermos a máscara. É como se fôssemos cortados ao meio. Esse é o momento da origem da dor - a dor gerada pelo rompimento com a nossa essência. Todos nós passamos por esse momento. É impossível se desenvolver neste plano sem traumas. Porque, para o próprio bem da criança, os pais precisam colocar limites. A questão é a forma como os limites são colocados. Se for com amor e consciência, a criança vive uma dor momentânea, mas não sofre um trauma capaz de impedir a reunificação mais tarde.

Quando os limites são colocados de forma violenta, um trauma profundo pode ser criado. No entanto não existem culpados. Muitos traumas são transmitidos de geração em geração, porque os pais, quando crianças também sofreram repressão. Essa pode ser uma cadeia de ação e reação que se perde no horizonte do passado. A ruptura com a essência é um momento doloroso demais para acolher na memória. Para lidar com essa dor e para escondê-la de forma que nunca mais entremos em contato com tais sentimentos, nós usamos um mecanismo chamado "negação". A partir desta negação nascem as máscaras e muitos outros mecanismos de defesa.

5 OS MECANISMOS DE DEFESA E ESTRATÉGIA

Agora você vai começar a desenvolver o mecanismo de defesa e estratégias, ou seja, quer atrair elogios e evitar a solidão e a rejeição. Você cria uma proteção, uma camada, ao redor da energia física pura, ao redor dos sentimentos e das emoções naturais que vai distorcê-los. Você os reprime e os adapta. Surgem então as tensões no corpo físico e as feridas psicológicas no corpo emocional. Você estoca padrões de energia mal resolvidos em seu corpo-mente e o corpo de dor começa a se formar.

Se você não aceitar as suas necessidades e os seus sentimentos como eles são, de uma maneira ou de outra eles terão de ser distorcidos. As necessidades e os sentimentos não aceitos no seu ambiente serão reprimidos. Os desejos e sentimentos serão negados porque você tem medo de ser punido se os expressar. Quando partes de você ficam escondidas, as suas falhas serão projetadas nos outros.

Um exemplo de estratégia: digamos que, para evitar conflitos, você é sempre bem-educado, muito gentil; para chamar a atenção, torna-se uma pessoa briguenta e agressiva; ou então para fugir do sofrimento, você trabalha muito, assiste à tv, joga no computador, come muito, bebe, se droga etc... etc.

Olhe bem para sua vida e veja o que você faz para evitar o sofrimento. Seja o que for, você vai ver que as estratégias não funcionam.

Mesmo assim você faz. Não é estranho?

Pôr em prática essas estratégias exige empenho. Você se mantém separado e "o outro" passa a ser uma ameaça em potencial ao seu sofrimento. Então você assume uma atitude defensiva e cria um sentimento de separação ainda maior.

6 A TRANSIÇÃO DO EU INFERIOR PARA O EU SUPERIOR

A entidade humana em evolução consiste em um complexo de energia dotado de vários corpos, sendo os principais o físico, o emocional, o mental e o espiritual. Esses corpos carregam condicionamentos, marcas criadas a partir das ações realizadas na busca da felicidade.

O eu inferior representa os aspectos mais básicos e condicionados de nossa identidade. Ele é associado ao ego, que busca segurança, prazer e aprovação externa. O eu inferior é moldado por condicionamentos sociais, culturais e experiências passadas, opera a partir de um lugar de medo, desejo e separação; nos colocando no caminho do sofrimento. Mas entre as manifestações da natureza inferior, o medo se sobressai. E uma das manifestações do medo é a insegurança, medo da vida; a pessoa pode ter dons maravilhosos, mas não os reconhece, não acredita no seu poder. Mas de alguma maneira você sabe que não é a máscara, e esse é um segredo carregado de culpa, por isso você precisa escondê-lo até de si mesmo.

Todos passamos por choques que provocaram dor e denunciaram aspectos cruéis da experiência humana; e para evitar o contato com essa crueldade, com essa dor, os mecanismos de defesa são ativados, e você tem uma falsa sensação de não estar sentindo. A negação gera essa falsa sensação de que está tudo bem.

A transição do eu inferior para o eu superior é uma jornada espiritual que envolve várias etapas e práticas. Este caminho é um processo de despertar, onde se transcende a identificação com o ego e se reconhece a verdadeira natureza do ser.

Todas as portas para o sofrimento devem ser identificadas para que você não dê mais passagem para ele. E a passagem para o sofrimento realmente se fecha quando você pode se identificar com o observador e não mais com os jogos da mente. Tendo desenvolvido o observador, e podendo manter a presença, você está pronto para a transição.

AS RAÍZES DO SOFRIMENTO

A IGNORÂNCIA ESPIRITUAL é a falta de compreensão sobre a verdadeira natureza da realidade e de nós mesmos... essa é a principal raiz do sofrimento.

Quando estamos inconscientes de nossa verdadeira essência divina e da impermanência de todas as coisas, nos apegamos as ideias, pessoas e coisas materiais que nos levam ao sofrimento.

O sofrimento surge quando nos desconectamos da fonte, do divino, ou do nosso Eu Superior. Essa desconexão cria um sentimento de separação e alienação, levando-nos à ilusão de que somos seres separados, independentes dos outros e do universo. Esta crença alimenta o ego e suas demandas, resultando em sofrimento.

O desalinhamento com o propósito da alma também pode criar uma sensação de vazio, insatisfação e falta de realização.

O sofrimento é um estado de inconsciência. Sofremos porque não estamos conscientes do que fazemos, do que pensamos, do que sentimos; por isso estamos nos contradizendo o tempo todo. As atitudes vão numa direção, os pensamentos em outra, os sentimentos sabem lá para onde. Continuamos a nos estilhaçar, a ficar cada vez mais fragmentados. Isso é que é o sofrimento; perdemos a integração, a unidade. Ficamos totalmente sem centro, somos mera periferia. E é claro que uma vida sem harmonia se torna pobre, trágica, um fardo que temos que carregar de algum jeito. O máximo que se pode fazer é aliviar esse sofrimento. E são inúmeros os tipos de analgésico que existem por aí... os tipos de fuga e distrações.

FUGAS E DISTRAÇÕES DE NÓS MESMOS

Em meio a uma avalanche de informações e expectativas externas, é fácil perder-se em fugas e distrações que nos afastam de nossa essência. Essas fugas muitas vezes são sutis, podem assumir diversas formas, mas todas com o mesmo propósito: evitar o encontro com nosso verdadeiro eu.

As distrações modernas, como redes sociais, séries intermináveis e a busca incessante por novidades, tornam-se uma anestesia para a mente. Elas oferecem um alívio momentâneo, uma pausa do desconforto interno, mas a um custo muito alto. A desconexão com o que é essencial. Estamos tão ocupados preenchendo o tempo com atividades que frequentemente negligenciamos a necessidade de momentos de introspecção e silêncio.

O trabalho excessivo é outra rota comum de fuga. Mergulhamos em agendas lotadas e prazos apertados, talvez na esperança de validar nossa importância ou de evitar enfrentar sentimentos que nos incomodam.

Isso vale para o consumismo desenfreado. Compramos coisas para preencher um vazio que, na verdade, só pode ser preenchido com o autoconhecimento e a aceitação de quem somos.

As relações também podem servir como uma forma de distração. Às vezes nos envolvemos em relacionamentos, não por conexão genuína, mas para fugir da solidão ou do desconforto de encarar nossos próprios demônios. Manter-se constantemente rodeado por pessoas pode parecer uma solução, mas impede o necessário encontro consigo mesmo. E claro, há os vícios. Sejam eles em substâncias, bebida, comida ou comportamentos como o excesso de exercício ou a busca incessante por adrenalina.

São formas de entorpecer sentimentos indesejados, uma tentativa de calar a voz interna que clama por atenção e cuidado.

Essas fugas, embora momentaneamente confortáveis, mantêm-nos presos em um ciclo de superficialidade, impedindo-nos de explorar o que há de mais profundo e autêntico em nosso ser. Elas são como um nevoeiro denso que obscurece o caminho para nossa verdadeira luz.

O primeiro passo para superar essas distrações é a conscientização. Reconhecer os momentos em que estamos fugindo de nós mesmos é essencial para quebrar o ciclo. A partir daí, é preciso coragem para se permitir sentir e encarar o que há por dentro, mesmo quando isso significa lidar com o desconforto.

Conectar-se com nossa essência é um convite à vulnerabilidade, à aceitação e a prática de estar presente, aqui e agora. É um processo contínuo de autodescoberta, onde aprendemos a distinguir o que é verdadeiramente nosso do que é imposto de fora. É um retorno ao que é simples e genuíno, um espaço onde podemos finalmente encontrar paz e sermos exatamente quem somos.

CAUSAS DO SOFRIMENTO

Compartilho uma metáfora do budismo tibetano que retrata bem os obstáculos que nos mantém presos ao ciclo de sofrimento. A metáfora dos três senhores:

Senhor do Materialismo: o primeiro senhor representa a nossa fixação e apego aos bens materiais e ao mundo físico. Ele nos seduz com promessas de conforto, prazer e segurança através da acumulação de posses e riquezas. No entanto, essa busca incessante por mais coisas nos mantém num ciclo interminável de desejo e insatisfação, pois os prazeres materiais são temporários e nunca proporcionam uma satisfação duradoura.

Senhor da Emoção: O segundo senhor simboliza o domínio das emoções negativas sobre nossa mente. Ele nos prende através de sentimentos como raiva, inveja, orgulho, medo e desejo. Essas emoções turvam nossa percepção da realidade, levando-nos a reagir impulsivamente e a perpetuar o sofrimento. Quando estamos sob o controle desse senhor, nossa mente é como um mar agitado, incapaz de encontrar paz e clareza.

Senhor do Ego: O terceiro senhor é o mais traiçoeiro, representando nosso apego ao ego e a noção de um eu separado e independente. Esse senhor nos seduz com a ideia de que nossa identidade individual é sólida e permanente, levando-nos a buscar contentamento, validação, reconhecimento e poder. Esse apego ao ego cria uma barreira entre nós e os outros, alimentando a ilusão de separação e contribuindo para o nosso sofrimento.

Para transcender a influência destes três senhores, podemos praticar a meditação, yoga, contemplação e comportamento ético. Através da meditação e yoga cultivamos a consciência e a capacidade de observar nossos apegos e emoções sem nos identificarmos com eles. A contemplação nos ajuda a desenvolver uma compreensão profunda da natureza impermanente e interconectada da realidade. E ao praticar comportamentos éticos, cultivamos a compaixão e a sabedoria, diminuindo gradualmente a influência desses senhores sobre nossas vidas.

Ao reconhecer e trabalhar para libertar-nos dos três senhores podemos mover-nos a uma vida com liberdade e clareza.

CONTRATOS DA ALMA

Somos todos visitantes deste tempo, deste lugar. Estamos só de passagem. O nosso objetivo é observar, crescer, amar. E depois, voltarmos para casa.
(Provérbio aborígene)

Todos nós queremos saber por que estamos aqui. Qual é o propósito... qual é nossa missão nesta vida? Essa falta de compreensão e orientação a nosso próprio respeito, de certa forma nos conduz a diversos tipos de stress emocional. Não é apenas a mente que quer saber qual é a nossa missão, mas este conhecimento também é de vital importância para o corpo e o espírito.

Ao descobrirmos qual é o nosso propósito, podemos utilizar melhor a nossa energia. Quando usamos bem a energia, também expressamos nosso poder pessoal de forma melhor. Chamo isto viver de acordo com o contrato de Alma.

Cada alma vem à terra com um propósito único e individual. Refiro-me a acordos feitos pela alma antes de encarnar no plano terrestre. Esses contratos são entendidos como compromissos que a alma assume para aprender lições específicas, evoluir espiritualmente e cumprir certos propósitos durante a vida.

Contratos da alma geralmente envolvem lições de vida e experiências que a alma deseja vivenciar para seu crescimento e evolução espiritual. Isso pode incluir enfrentar desafios, superar dificuldades, desenvolver certas qualidades, ou ajudar outras almas em suas jornadas.

Muitas vezes esses contratos envolvem relacionamentos importantes que desempenham um papel crucial no desenvolvimento espiritual da pessoa. Isso pode incluir familiares, amigos, parceiros afetivos, ou mesmo inimigos. Esses indivíduos são vistos como parte do acordo pré-encarnatório para ajudar na aprendizagem mútua.

As experiências e os relacionamentos predeterminados pelos contratos costumam dar-se com os pais, filhos, irmãos, amigos próximos e quaisquer pessoas que compartilhamos a paixão por alguma coisa. Estas pessoas, juntamente com nossos adversários, estão em nossa vida porque fizemos um acordo com elas antes desta vida, para o crescimento espiritual de ambas. Na verdade, cada relacionamento e experiência representa uma oportunidade de crescimento e transformação em nossa vida. Alguns relacionamentos oferecem mais de uma oportunidade. Em cada um deles, entretanto, temos a escolha de como exercer o poder. O nosso poder de escolha é sagrado.

Além das lições pessoais, os contratos da alma podem incluir uma missão ou um propósito específico a ser realizado durante a vida. Isso pode estar relacionado a uma vocação, serviço a comunidade ou contribuição para um bem maior.

As almas têm conhecimento desses contratos antes de encarnar, mas essa consciência é frequentemente esquecida ao entrar no plano físico. No entanto, através de práticas espirituais, meditação, regressão de vidas passadas ou trabalho terapêutico, algumas pessoas relatam a recuperação de memórias sobre esses acordos, ganhando insight sobre os desafios e propósitos de suas vidas.

Embora esses contratos ofereçam um roteiro, eles permitem o livre arbítrio e a flexibilidade, enfatizando a responsabilidade pessoal e a capacidade de escolha.

O propósito e missão de vida não são apenas tarefas ou metas a serem alcançadas, mas a essência de quem somos e o que estamos aqui para aprender e compartilhar.

O propósito de vida é frequentemente entendido como o motivo fundamental pelo qual, nossa alma escolheu encarnar nessa existência. Descobrir o propósito de vida envolve uma jornada interna de autoconhecimento e introspecção. É um processo de se conectar com nossa essência mais profunda, de ouvir a voz de nossa alma.

A missão de vida, por outro lado está relacionada a como manifestamos nosso propósito no mundo. É a forma prática e tangível de viver de acordo com os valores e as lições que nossa alma se propôs a aprender.

Nossa missão pode se manifestar através de nosso trabalho, relacionamentos, serviços ou qualquer atividade que reflita o nosso compromisso com o crescimento espiritual e o bem-estar dos outros.

Quando vivemos em alinhamento com nosso contrato de alma, experimentamos um sentido profundo de realização e paz interior. Sentimos que estamos no caminho certo, mesmo quando enfrentamos desafios e adversidades. Isso ocorre porque estamos vivendo de acordo com a verdade de nossa alma, seguindo o plano que delineamos antes de encarnar. No entanto, é importante lembrar que o propósito e missão de vida não são estáticos, eles podem evoluir à medida que crescemos e aprendemos. O que permanece constante é o compromisso com o crescimento espiritual e o serviço aos outros. Cada passo na nossa jornada é uma oportunidade de aprender, crescer e nos aproximar de nossa essência.

O QUE É DESTINO?

Até você se tornar consciente, O inconsciente irá dirigir sua vida E você irá chamá-lo de destino.
(Jung)

A vida não está determinada por forças externas ou por um destino fixo. Ela é uma série contínua de ações e reações que se desenrolam no presente, pois a crença em um destino inevitável nos leva a abdicar da nossa responsabilidade de viver conscientemente e de tomar decisões deliberadas.

Ao nos tornarmos plenamente consciente de nossos pensamentos, emoções e ações, podemos libertar-nos dos condicionamentos e das influências externas que moldam nossas vidas.

Essa liberdade de condicionamentos é considerada a verdadeira liberdade, onde não somos mais controlados pela ideia de destino, mas sim guiados por uma compreensão profunda e imediata da vida.

O destino não é uma força predeterminante que controla nossas vidas, mas uma construção mental que podemos transcender através da consciência plena e do autoconhecimento.

A vida tem de ser vivida com total atenção e responsabilidade, livre de limitações imposta pela crença de um destino inevitável.

Compartilho aqui o conceito de destino como o caminho que a alma escolheu para si mesma, está intimamente ligado ao cumprimento do contrato de alma.

O destino pode ser visto como um mapa que aponta para o crescimento da alma, enquanto as escolhas representam as etapas que tomamos para seguir este mapa. Cada decisão, seja ela pequena ou significativa, tem o potencial de nos alinhar com nosso propósito mais elevado ou de nos desviar dele.

O discernimento espiritual é a chave para fazer escolhas que ressoem com nossa essência mais profunda. Enquanto o destino pode fornecer um esboço do caminho da vida, o livre arbítrio representa a capacidade de cada indivíduo de tomar decisões e moldar sua jornada. A escolha é um dom sagrado, permitindo que cada um de nós atue como cocriador de nossa realidade. Através do livre arbítrio temos a liberdade de responder as circunstâncias, fazer mudanças, aprender e evoluir.

Existe uma citação que ilustra lindamente este tema:

"A vida é uma combinação de destino e livre-arbítrio. A chuva é o destino, A possibilidade de se molhar, ou não, é escolha sua" (Sri Ravi Schankar).

O destino nos lembra de nossa conexão com o todo, de nossa participação na grande dança cósmica. Ele nos guia gentilmente em direção ao nosso verdadeiro eu, revelando a beleza e a sabedoria que residem dentro de nós. Ao abraçar o destino com o coração aberto e uma alma desperta, nos leva a viver em harmonia com o plano divino e a nossa missão neste mundo.

Podemos também definir o destino como uma expressão de amor e da sabedoria universal; um caminho sagrado que nos leva de volta ao lar espiritual, ao nosso verdadeiro eu e ao nosso propósito divino.

O PODER DO LIVRE ARBÍTRIO

A liberdade é a capacidade de decidir-se a si mesmo para um determinado agir ou sua omissão.
(Aristóteles)

O livre arbítrio é considerado um presente de uma força superior, seja Deus, o universo, ou outra entidade espiritual. Este dom permite que cada ser humano exerça autonomia sobre suas ações e pensamentos. Esta liberdade é essencial para o crescimento espiritual e a evolução da alma, permitindo que cada pessoa aprenda e se desenvolva através de suas próprias experiências.

As escolhas que fazemos tem consequências, tanto para nós mesmos, quanto para os outros. Devemos ser responsáveis por nossas ações no plano material e conscientes de seu impacto no plano espiritual.

Nossas escolhas podem nos aprimorar ou nos afastar de nosso propósito espiritual influenciando nosso karma e nosso progresso na jornada da alma. O livre arbítrio permite que cada indivíduo crie seu próprio karma através das escolhas que faz. Boas ações geram bom karma, enquanto ações negativas criam karma negativo. Dessa forma, o livre arbítrio é visto como um mecanismo, através do qual, cada alma pode aprender, crescer e eventualmente alcançar a liberdade.

Uma dimensão importante do livre arbítrio é a capacidade de escolher entre o bem e o mal. Esta escolha é fundamental para o desenvolvimento moral e ético. As escolhas alinhadas com valores espirituais promovem o amor, a compaixão, a verdade e a justiça. Esta escolha entre o bem e o mal é vista também como um teste da alma, um processo que fortalece o caráter e a virtude.

SOBRE O PENSAR E A CONSCIÊNCIA

O pensar e a consciência são dois aspectos fundamentais da experiência humana, mas muitas vezes são confundidos ou mal compreendidos.

Enquanto o pensamento é uma qualidade mental, uma ferramenta que usamos para navegar e resolver problemas no mundo cotidiano, a consciência é a base do nosso ser, uma presença que observa, sente e experencia a vida em sua totalidade. Explorar a relação entre o pensar e a consciência é a jornada para compreender como podemos viver de forma mais desperta, livre e verdadeira.

O pensamento é uma ferramenta limitada por sua própria natureza. Ele é um produto do tempo, construído a partir de memórias, experiências passadas e conhecimentos adquiridos. Isso significa que o pensamento está sempre operando dentro dos limites do que já foi conhecido e experimentado. Embora seja útil para a resolução de problemas práticos e para a comunicação, o pensamento não consegue acessar a totalidade do momento presente, pois está constantemente interpretando a realidade através de filtros do passado. Essa limitação do pensamento se torna problemática quando começamos a nos identificar completamente com ele, acreditando que somos nossos pensamentos.

Esse equívoco cria uma sensação de separação, um eu fragmentado que está sempre buscando segurança, aprovação e significado no mundo externo. O pensamento, quando não compreendido e observado, pode facilmente nos aprisionar em ciclos de ansiedade, medo e conflito interno.

A consciência como presença desperta é a vastidão do ser, uma presença que está além do tempo e do pensamento. É a consciência que nos permite perceber o movimento do pensamento sem nos identificarmos com ele. Todos os mestres espirituais falam sobre a importância de cultivar um estado de observação pura, onde podemos ver os pensamentos surgirem e passarem sem nos apegar a eles. Essa observação é a essência da consciência. É estar presente sem esforço, simplesmente testemunhando o fluxo da vida.

Quando nos conectamos com a consciência, experimentamos uma sensação de espaço interior, uma quietude que não é afetada pelas flutuações do pensamento. É nesse estado de consciência desperta que encontramos a verdadeira clareza e liberdade.

A consciência não é algo que podemos alcançar ou adquirir, ela está presente, sempre disponível, esperando apenas que voltemos nossa atenção para ela.

Para viver de forma mais consciente é necessário construir uma ponte entre o pensar e a consciência. Essa ponte é construída pela prática da atenção plena e da auto-observação. Ao observar o pensamento sem julgá-lo, sem tentar mudá-lo ou controlá-lo, começamos a ver a natureza do pensamento como algo separado de quem realmente somos. Essa simples observação já começa a dissolver a identificação com o pensamento e nos aproximar de uma vida mais consciente.

A construção dessa ponte requer um ato contínuo de desapego das máscaras que usamos para agradar, das histórias que contamos para nos encaixar, dos medos que nos impedem de ser quem realmente somos. Esse processo não é sobre rejeitar tudo que está fora, mas sim sobre integrar o que é genuíno e verdadeiro em nosso ser. A autenticidade não é uma posição estática, é um fluxo constante, um estado de presença em que estamos conectados com nossos valores mais profundos e nossas emoções reais, sem a necessidade de esconder ou modificar.

Ser autêntico é se permitir ser visto de forma completa, com falhas e imperfeições, sem necessidade de criar uma fachada. Essa vulnerabilidade nos liberta da tirania da perfeição e nos permite viver de forma mais livre e conectada, tanto com nós mesmos quanto com os outros.

Outra chave para integrar o pensamento e a consciência é o silêncio interior. Quando nos permitimos momentos de quietude, sem nos engajar no constante fluxo do pensamento, abrimos espaço para que a consciência se revele. A meditação, a contemplação da natureza, ou mesmo momentos de simples presença no cotidiano são práticas que ajudam a nutrir essa conexão.

A harmonia entre o pensar e a consciência não significa eliminar o pensamento, mas sim colocá-lo em seu devido lugar. Quando o pensamento está a serviço da consciência, ele se torna uma ferramenta poderosa e criativa ao invés de uma força dominadora. Isso nos permite agir no mundo de maneira mais integrada, alinhando nossas ações com nossos valores mais nobres e nossa intuição.

No final das contas, o pensamento nos ajuda a navegar no mundo prático, enquanto a consciência nos conecta com a profundidade do ser. Ao compreender e cultivar esta relação, podemos viver de forma mais autêntica e presente, permitindo que o fluxo da vida se desenrole com mais clareza e propósito. Assim não somos mais meros reatores automáticos de nossos pensamentos, mas seres conscientes, capazes de criar uma vida que reflete a verdadeira essência de quem somos.

QUEM FAZ AS ESCOLHAS?

As escolhas que fazemos na vida são profundamente influenciadas pela nossa percepção de quem somos. Quando agimos a partir dos impulsos do ego, nossas decisões tendem a ser baseadas em desejos imediatos, medos e condicionamentos. Já as escolhas guiadas pela sabedoria do ser refletem uma conexão mais profunda com a nossa essência verdadeira e com o propósito maior da existência.

ESCOLHAS DO EGO: O ego é a nossa identidade construída, formada por experiências passadas, crenças, expectativas e a necessidade de proteger essa identidade.

Quando o ego está no comando, nossas escolhas são motivadas por um desejo de segurança, poder, reconhecimento e validação externa. Por exemplo, uma pessoa pode escolher um caminho profissional, não porque ama o que faz, mas porque acredita que isso lhe trará status ou aprovação social. Esse tipo de escolha é frequentemente caracterizado pela ansiedade e pelo medo de perder algo, seja a imagem pessoal, o controle ou a aceitação dos outros.

As decisões guiadas pelo ego resultam em sentimentos de insatisfação, porque o ego está em constante busca por algo fora de si para preencher um vazio interno. Essa busca incessante pode levar a uma vida marcada pela superficialidade, onde as conquistas materiais ou o sucesso exterior não trazem a verdadeira realização.

Também chamadas de ESCOLHAS INCONSCIENTES porque são decisões que emergem de um nível da mente, sem a participação ativa da consciência desperta. Essas escolhas são influenciadas por padrões antigos, condicionamentos e programas mentais que estão enraizados no inconsciente. Elas refletem a parte de nós que está operando no piloto automático, guiados por forças sutis que nem sempre estamos cientes.

As escolhas inconscientes são expressões de nossos condicionamentos passados, medos e influências cármicas, não estão alinhadas com nossa essência ou com nosso propósito.

Elas podem nos desviar do caminho sagrado; são feitas quando estamos desconectados do nosso momento presente.

ESCOLHAS DO SER: Em contraste, quando nossas escolhas são guiadas pela sabedoria do ser, elas emergem de uma conexão profunda com nossa verdadeira essência.

O Ser é a parte de nós que transcende o ego, ligada à consciência universal, a paz, ao amor incondicional e a unidade com o Todo. Escolher a partir do Ser é agir em harmonia com o nosso propósito mais elevado e com os valores que realmente importam para nossa alma.

As decisões do Ser são intuitivas, pacíficas e ressoam com uma verdade interior.

Por exemplo, uma pessoa pode escolher dedicar-se a um trabalho ou causa que faça sentir viva e conectada, mesmo que isso não traga recompensas materiais imediatas. Essas escolhas estão alinhadas com a autenticidade, trazendo um senso de paz e satisfação duradoura, porque não estão ancoradas em expectativas externas, mas em uma compreensão interna do que é certo e significativo.

Também chamadas de ESCOLHAS CONSCIENTES porque são feitas quando estamos completamente presentes no momento. Essa presença plena nos permite perceber nossas emoções, pensamentos e o ambiente ao nosso redor de maneira clara e sem distração.

As escolhas conscientes estão em harmonia com nossa verdadeira essência e refletem nossos valores mais profundos e nosso propósito espiritual, guiando-nos em direção de uma vida mais autêntica e significativa. Antes de tomar uma decisão, há uma intenção clara e consciente. Essa intenção é baseada na integridade e sabedoria.

A conexão com a intuição desempenha um papel crucial nas escolhas conscientes; estar em sintonia com a intuição nos permite acessar um conhecimento e entendimento além da lógica racional.

Ao seguir a sabedoria do Ser nos libertamos das amarras do ego e passamos a viver de acordo com a nossa essência mais pura. Nossas decisões deixam de ser reativas e passam a ser proativas, centradas em valores espirituais mais elevados. Isso nos permite viver com mais liberdade, autenticidade e plenitude, alinhados com o fluxo natural da vida.

A diferença entre as escolhas impulsionadas pelo ego e as guiadas pelo Ser reside na fonte da motivação. Enquanto o ego busca satisfazer desejos superficiais e proteger a identidade construída, o Ser nos conduz as escolhas que refletem nossa verdadeira natureza e propósito. Reconhecer esta diferença e cultivar a capacidade de escolher a partir do ser é um passo essencial para uma vida real.

PERCEPÇÕES INCORRETAS

Quantas vezes você já teve certeza de algo, apenas para descobrir depois que a realidade era bem diferente do que você imaginava? Percepções incorretas são companheiras comuns em nossa jornada, manifestando-se nas formas de julgamentos precipitados, suposições equivocadas e conclusões baseadas em emoções em vez de fatos. Elas nos mostram que, muitas vezes enxergamos o mundo não como ele é, mas como somos internamente.

As percepções incorretas nascem dos filtros que usamos para interpretar a vida ao nosso redor. Esses filtros são moldados pelas nossas experiências, crenças, medos e expectativas. Quando não estamos atentos, podemos facilmente projetar no outro nossos próprios dilemas internos, criando uma imagem que não reflete a verdade. É como olhar para o mundo através de um vidro embaçado, onde tudo parece distorcido, mas é na nossa mente que reside o verdadeiro embaçamento.

Essas percepções não só afetam como vemos os outros, mas também como nos enxergamos. Quantas vezes nos limitamos por acreditar em rótulos que nos foram impostos, ou que nós mesmos criamos? A percepção incorreta de que não somos bons o suficiente, de que falhamos, ou de que não merecemos as coisas boas da vida pode criar barreiras invisíveis, mas poderosas, que nos impedem de viver plenamente.

Mas então, como reconhecer e transformar essas percepções? O primeiro passo é cultivar a consciência. Perceber que nossas primeiras impressões, julgamentos e pensamentos podem não estar alinhados com a realidade essencial. Isso requer humildade para admitir que podemos estar errados, além de coragem para questionar as verdades que sempre acreditamos serem absolutas.

O próximo passo é praticar a empatia e o olhar compassivo, tanto com os outros como consigo mesmo. Ao tentar ver o mundo com os olhos dos outros e ao nos perdoarmos por nossos erros de percepção, criamos um espaço para a compreensão e a verdade. Lembre-se de que as percepções são apenas lentes temporárias, e que é possível mudá-las a qualquer momento.

Conecte-se ao momento presente, muitas das percepções incorretas nascem de medo sobre o futuro ou arrependimento sobre o passado. Estar plenamente no agora nos ajuda a ver com clareza, livres de sombras de experiências passadas ou ansiedades do que está por vir.

Reconhecer e corrigir as percepções incorretas é um ato de autoamor e de liberdade espiritual. É uma convocação para se aproximar mais da sua essência verdadeira e para enxergar o mundo com os olhos de gratidão e abertura. Ao aceitar que não temos todas as respostas e que a realidade é muitas vezes mais simples e bela do que imaginamos, abrimos espaço para a integridade e para a expansão de nossa luz interior. Afinal a verdade que buscamos fora já está presente dentro de nós, apenas esperando para ser descoberta.

EGO
E
ESSÊNCIA

Dois pássaros, intimamente unidos, sentam-se na mesma árvore. Um deles come os frutos doces e amargos da árvore; o outro apenas observa.

(Metáfora Upanishad)

Nos Upanishads, essa metáfora descreve de forma poética, a dualidade entre o eu individual, que vive no mundo e experimenta os prazeres e dores (representado pelo pássaro que come os frutos) e o eu superior, que permanece como o observador imparcial (o pássaro que apenas vê).

O verso completo continua:

"No mesmo corpo, o Ser inferior experimenta os frutos de suas ações, enquanto o Ser superior, imutável, apenas observa. Quando o ser inferior percebe a presença do ser superior, ele se liberta de toda a dor e encontra a paz"

Os dois pássaros na árvore, o ego e a essência, são inseparáveis; ambos se sentam na mesma árvore (o corpo) diante das mesmas frutas (o mundo material). Contudo, por mais próximos que estejam, o pássaro que anseia pelos frutos não conhece seu parceiro. É necessário um despertar para revelar a verdadeira essência, e muito embora num sentido ele seja espantoso sendo a "Natureza Sagrada", no outro sentido é só o amado íntimo, que manteve a vigília durante todo esse tempo, apenas esperando ser visto. Uma vez que ele tenha sido visto, tudo na vida muda. Quando a autorrealização surge, não há mais qualquer questão de luta e esforço.

A jornada espiritual é mover-se da identificação com o pássaro que experimenta e se apega à dualidade para se reconhecer com o pássaro observador, que está além da mudança e da ilusão. Isso expressa a nossa dupla natureza: uma parte de nós vive no mundo material, enquanto a outra é eternamente divina e imutável.

Então assim compreendemos que o ser humano pode viver de dois jeitos: ele pode viver na sua periferia ou pode viver no seu centro. A periferia pertence ao ego e o centro pertence ao ser. Se você viver de acordo com o ego, estará sempre relacionado com o externo. Na periferia tudo é reação. Nada parte do seu centro. Num certo sentido, você não passa de um escravo das circunstâncias. Você não está fazendo nada; está sendo forçado a fazer. Você se deixa atingir não porque seu centro é atingido, mas pelo simples fato de não reconhecer esse centro. Você é apenas periferia, está identificado com a periferia. A periferia sempre é atingida por tudo que acontece. Ela é só a sua fronteira, por isso, seja o que for que aconteça, isso sempre atingirá.

Quando o centro espiritual encontra a periferia, acontecerá uma profunda reconfiguração na vida da pessoa, promovendo maior alinhamento entre o que ela é internamente e o que manifesta externamente.

No centro a situação muda dramaticamente, quando está no centro você começará a agir, no momento em que tiver um centro, você conseguirá uma distância de si mesmo. Conseguirá uma distância com relação à periferia. Alguém poderá tratar mal a periferia, mas não você. Você permanecerá a parte, o observador. Existirá uma distância entre você como periferia e você como centro. E essa distância não poderá ser percorrida por nenhuma outra pessoa, pois ninguém pode invadir o seu centro. O mundo exterior só pode atingir você perifericamente.

Como os Upanishads declaram a vida do ego, quando unida com a Essência, eleva-se até um nível abençoado.

"Tanto o bem quanto o mal desaparecem;

Deliciando-se no Eu Superior, brincando como uma criança com o Eu Superior,

Ele faz o que é chamado a fazer, seja qual for o resultado."

RECONHECIMENTO

Na verdade, uma vez que você reconheça algo como falso, não é difícil abandoná-lo. No momento que você reconhecer o falso como falso, ele cai por si mesmo. O simples reconhecimento é o bastante. Seu elo está quebrado, sua identidade está perdida. E uma vez o falso desaparecido, o real estará aí com todo o seu frescor, com toda sua beleza, porque a sinceridade é bela. Apenas ser você mesmo é belo.

Sua consciência, seu entendimento e sua coragem de estar determinado e comprometido em encontrar a si mesmo, dissolver todos os rostos falsos que lhe foram dados pelas pessoas e foi acumulado ao longo do tempo.

Observe, se torne alerta, e continue abandonando os padrões de reação dentro de você. Tente a cada momento responder à realidade, não de acordo com a ideia de reagir automaticamente, mas de acordo com a realidade, tal como ela é.

Responda à realidade! Responda com sua total consciência, mas não com sua mente. E então quando você responder espontaneamente sem reagir, nasce a ação. A ação é bela, a reação é feia.

Somente uma pessoa consciente age, a pessoa inconsciente reage. A ação é uma resposta, é uma energia que liberta, enquanto a reação continua criando as mesmas cadeias, continua fazendo-as mais numerosas, mais sólidas e mais fortes.

Viva uma vida de resposta e não de reação.

Fomos condicionados a pensar compulsivamente. Isso nos fez perder a conexão com o belo e com a verdade. Olhamos para uma paisagem e não a vemos. Ouvimos uma música, mas não a escutamos. Isso acontece porque a mente está muito ocupada em classificar e rotular. O máximo que surge é uma interpretação rasa do que os sentidos estão recebendo. Mas na verdade, você não está vendo ou escutando porque, para isso realmente acontecer o vazio se faz necessário. Somente uma mente serena é capaz de perceber o Ser. Quanto mais intensa é a percepção do Ser, mais brilho e beleza você vê.

A experiência de ser tomado pela beleza é um sinal de que você está percebendo a unidade. Na verdade, você nunca esteve desconectado.

O que impede de ter consciência da unidade é a mente agitada. O pensamento não só impede a percepção da beleza como também não permite que você produza a beleza. A mente agitada pode somente produzir agitação. Toda feiura é resultado de uma mente agitada pelos fantasmas de sempre: o medo, o ódio e o sofrimento. Tudo isso, ganha forma na matéria através da reação, ou seja, o contrário da ação.

Ação é aquilo que nasce do coração, a moradia da verdade interior. Outra fase preparatória para passar do domínio do ego para a evolução da Consciência é a cura da criança ferida. É preciso completar o processo de integração dos pontos de ódio e medo no seu sistema, o que equivale dizer se libertar, em algum grau do passado e da dor registrada em seu corpo. Assim você libera o orgulho e todos os outros "eus" psicológicos que estão a serviço dele.

Nessa fase, o trabalho é encarar os aspectos negados da personalidade com o objetivo de remover as máscaras que sustentam a hipocrisia exibida na nossa vida social. De certa forma somos todos hipócritas, porque aprendemos a sorrir quando estamos com raiva, a mostrar coragem ou indiferença quando estamos com medo e a fazer caridade quando estamos tomados pelo mais profundo egoísmo. Esta máscara social tem que cair para que o processo de transformação possa começar, pois a beleza nasce da verdade. Tudo que é verdadeiro é belo. Até mesmo uma raiva verdadeira é mais bela do que um sorriso falso.

Não há beleza na superficialidade, ela é feia. Não há comparação entre uma flor verdadeira e uma flor de plástico.

Quando a máscara é removida, você entra em contato com a realidade pouco agradável do seu eu inferior negado. Lembre-se: essa não é sua realidade final. Você é uma expressão da luz divina.

Quando progredimos no reconhecimento de nossa essência vamos percebendo a sincronicidade, que é reconhecer os sinais que a existência oferece para indicar os próximos passos de nossa jornada evolutiva. É muito importante você estar atento a essas mágicas coincidências, pois elas apontam a direção da realização do seu destino.

A sincronicidade está acontecendo o tempo todo, ela é a linguagem da existência.

Ao fazer a transição do ego para a essência, permitimos ser guiados pela sincronicidade e pela intuição. São formas do universo se comunicar com você, e muitas vezes você está tão denso, tão ocupado com os pensamentos, que não percebe. Basta aquietar a mente e ampliar sua percepção para notar que Deus está se comunicando com você em tempo integral. Ele fala através da sua intuição; portanto é muito importante você confiar na sua intuição, para que ela seja mais concreta que seu intelecto.

Não desanime pelo fato de algumas vezes você se equivocar; nem sempre é possível decodificar a mensagem divina. Seu ego muitas vezes poderá criar situações que você entenderá como uma mensagem que comprova seu sentimento de exclusão e abandono.

Esteja atento a isso, pois se trata de uma repetição negativa que surge por conta dos condicionamentos da criança ferida. O ego é muito esperto e astuto.

Percebemos que já estamos vibrando na essência quando deixamos que a vida flua naturalmente, sem querer controlar os resultados, e mantendo a consciência de que nada está separado e que tudo é divino.

Não é o indivíduo que tem consciência...
É a consciência que assume inumeráveis formas, e o indivíduo é uma delas.
(Nisargadatta Maharaj)

AÇÃO E REAÇÃO

> *Se você estiver em estado de reação,*
> *Qualquer um ou qualquer coisa pode controlar sua vida.*
> *A resposta consciente é o caminho a seguir.*
> *(Sadhguru)*

Aqui a compreensão de ação e reação ganha uma profundidade que transcende a simples sequência de eventos cotidianos. Trata-se de explorar a natureza da consciência, da intencionalidade e da energia que move cada ser humano.

A diferença entre ação e reação neste contexto pode ser a chave para uma vida mais alinhada com o propósito espiritual e a verdadeira essência do ser.

AÇÃO

A ação, sob essa perspectiva, é um movimento consciente e intencional. É um ato deliberado que nasce do coração e da mente refletindo os valores mais elevados e o propósito de vida de uma pessoa. Quando agimos espiritualmente, fazemos escolhas que estão em harmonia com nossa verdadeira essência e que contribuem para o bem maior. Essas ações são marcadas por:

1 INTENCIONALIDADE: Agimos com plena consciência do que estamos fazendo e porque estamos fazendo. Cada ação está impregnada de um propósito claro e de uma direção consciente.

2 CRIATIVIDADE E MANIFESTAÇÃO: Através da ação, expressamos nossa capacidade de criar e manifestar realidades. Utilizamos nossa energia interna para trazer ao mundo aquilo que desejamos ver materializado, seja em nós mesmos, nos outros ou no ambiente ao nosso redor.

3 RESPONSABILIDADE: Assumimos a responsabilidade por nossas ações, reconhecendo que cada escolha tem consequências, e que somos cocriadores de nossa realidade. Agimos de forma a contribuir positivamente para o nosso crescimento e para o bem-estar dos outros.

4 PROPÓSITO ELEVADO: Nossas ações são guiadas por princípios elevados como, amor, compaixão, serviço e crescimento espiritual. Agimos não apenas para satisfazer desejos imediatos, mas para promover um bem maior.

REAÇÃO

Reagir implica uma resposta automática e inconsciente a estímulos externos. É uma ação que não passa pelo filtro da reflexão consciente, e que muitas vezes é movida por padrões habituais, medos ou condicionamentos do passado. Reações são caracterizadas por:

1 AUTOMATISMO: Reagimos de forma impulsiva, sem a consciência plena do que estamos fazendo, ou do porquê estamos fazendo. É uma resposta imediata, e muitas vezes reflexiva a uma situação.

2 ENERGIA REFLEXIVA: Em vez de criar uma realidade, a reação simplesmente reflete a energia do estímulo externo. Não há criação ou originalidade, é uma réplica daquilo que foi recebido.

3 FALTA DE CONTROLE: Quando reagimos, estamos sob o controle das circunstâncias externas, em vez de exercer o controle interno. Perdemos a oportunidade de escolher conscientemente nossa resposta.

4 IMPULSO EMOCIONAL: Reações são frequentemente movidas por emoções imediatas e intensas como raiva, medo ou tristeza. Essas respostas emocionais não são filtradas pela reflexão ou pela sabedoria interior.

A TRANSFORMAÇÃO DE REAÇÕES EM AÇÕES CONSCIENTES

Para o nosso equilíbrio, um dos objetivos principais é transformar reações automáticas em ações conscientes. Este processo envolve a atenção plena, que nos permite observar nossos padrões reativos e trabalhar na sua transformação. Estar presente no momento nos dá a capacidade de escolher como responder, em vez de simplesmente reagir.

O autoconhecimento também ajuda a entender as motivações por trás de nossas reações, e com este entendimento, podemos agir de maneira mais intencional e alinhada com nossa essência.

Praticar técnicas de centramento, como a meditação, é de enorme importância, pois nos ajuda a manter o equilíbrio e a clareza; permitindo-nos responder de maneira consciente e compassiva.

Trabalhar na cura emocional nos liberta de traumas e condicionamentos que causam reações automáticas. Com a cura, podemos agir de maneira mais livre e legítima.

Transformar nossas reações em ações conscientes é um passo poderoso no caminho espiritual. Ao fazer isso, não apenas promovemos o nosso próprio crescimento e bem-estar, mas também contribuímos para um mundo mais harmonioso e consciente. Agir de acordo com nossos valores espirituais e nosso propósito mais elevado nos permite viver nossa verdade de forma mais plena, e iluminada.

DEIXANDO A VIDA FLUIR

Deixar a vida fluir é como abrir as comportas do coração para o rio constante do universo, onde cada momento é uma correnteza de aprendizado e crescimento. É compreender que, assim como um rio que serpenteia entre as pedras, nossa jornada também tem seus desafios e obstáculos, que são parte essencial do caminho.

Fluir na vida requer entrega ao fluxo natural das coisas, confiança no ritmo divino que guia nossos passos. É estar em sintonia com a essência mais profunda do ser, permitindo que a intuição e a sabedoria interior se manifestem.

Na fluidez, encontramos a serenidade para aceitar o que não podemos mudar e coragem para transformar o que está ao nosso alcance.

Ao deixar a vida fluir, abrimos espaço para a gratidão pelos pequenos milagres do dia a dia e pela beleza que se revela nos momentos simples. É reconhecer que cada experiência, por mais desafiadora que seja, é uma oportunidade de evolução e de conexão mais profunda com o universo e com nós mesmos.

Assim, fluir na vida é dançar o ritmo do cosmos, permitindo que cada passo seja uma expressão autêntica de nossa alma, guiada pela harmonia do amor e da compaixão.

CONFIANÇA E ENTREGA

Aquietai-vos e sabei que sou Deus.
(Salmo 46.10)

Este versículo, simples e profundo, nos convida a uma pausa intencional no ritmo frenético da vida.

No mundo moderno, somos frequentemente arrastados por preocupações, tarefas e desafios que exigem nossa atenção constante. Nessa corrida diária, é fácil esquecer que há uma força maior guiando todos os eventos, uma presença divina que sustenta e equilibra tudo.

"Aquietai-vos" não significa apenas cessar as atividades externas, mas também acalmar a mente e o coração. É um chamado para silenciar os ruídos externos, os pensamentos inquietos, as emoções turbulentas. Quando nos aquietamos, criamos espaço para sentir a paz que já está presente em nós, mas que muitas vezes é obscurecida pela agitação mental e emocional.

"Sabei que sou Deus" é a lembrança da presença constante e imutável do divino em nossas vidas. Não é apenas um conhecimento intelectual, mas uma experiência profunda de confiança e entrega.

Saber que ele é Deus é reconhecer que, apesar das incertezas e desafios que enfrentamos, existe um poder supremo que está no controle. Esse conhecimento traz uma sensação de segurança e serenidade, nos permitindo descansar na certeza de que não estamos sozinhos. Neste estado de quietude e confiança, podemos perceber que as preocupações do mundo perdem sua força. Os medos e a ansiedade se dissolvem quando nos lembramos que há um propósito maior em tudo o que acontece.

O silêncio se torna um espaço sagrado onde podemos ouvir a voz de Deus, sentir sua presença e alinhar nossos pensamentos e ações com sua vontade.

Portanto o convite deste salmo é para que diante das adversidades, pratiquemos a quietude. Ao nos aquietarmos, nós abrimos para a percepção do divino, permitindo que a paz preencha nosso ser. É nesse estado de confiança tranquila que encontramos força, clareza e direção para seguir em frente, sabendo que estamos sob o cuidado amoroso de Deus.

OUÇA SEUS MENTORES: No silêncio da alma, há uma sabedoria que nos guia além das palavras. São os mentores espirituais, seres de luz e consciência elevada, que acompanham nossa jornada desde sempre. Eles falam conosco de forma sutil, através de intuições, sinais e sentimentos profundos. Ouvi-los é um ato de confiança no invisível, uma entrega ao que está além da compreensão racional.

Quando escolhemos nos conectar com nossos mentores espirituais, estamos abrindo um canal direto com o divino. Eles não nos dizem o que fazer, mas iluminam os caminhos que temos diante de nós. Eles nos lembram de nossa essência, de que somos mais do que nossas experiências terrenas. Seus ensinamentos são como sementes plantadas em nosso coração, que florescem no momento certo, quando estamos prontos para receber suas verdades. Ouvir esses mentores requer prática e paciência, muitas vezes por distrações, ignoramos as mensagens que eles nos enviam. No entanto, ao cultivar momentos de silêncio e presença, começamos a perceber a sutileza com que se comunicam; seja através de sonhos, sincronicidades, ou aquela sensação inabalável de que algo maior está nos guiando.

Os mentores espirituais nos apoiam em nossas transições, curas e transformações. Eles conhecem nossa jornada e veem além dos desafios que enfrentamos. Ao escutá-los, aprendemos a confiar no fluxo da vida, sabendo que estamos sempre sendo orientados para nosso crescimento e evolução.

     A escuta espiritual é uma escolha consciente. Requer sensibilidade e fé, mas também discernimento para reconhecer que, no fim, somos nós os responsáveis por nossas decisões. Os mentores apontam o caminho, mas cabe a nós dar os passos, sempre lembrando que a sabedoria divina está em constante diálogo conosco. Basta nos abrirmos para ouvi-la.

Poema:
A fé é um pássaro que sente a luz
E canta quando a madrugada ainda está escura.
(Emily Dickinson)

SINAIS OU ACASOS NO CAMINHO?

As coincidências, esses encontros aparentemente fortuitos de eventos, pessoas ou situações muito nos intriga. Para alguns, elas são meros acasos, produtos do caos e da aleatoriedade da vida. Para outros, especialmente do ponto de vista espiritual, as coincidências são muito mais do que isso. Elas são vistas como mensagens do universo, sinais sutis que nos guiam, confirmam intuições e nos lembram que estamos conectados a algo maior.

No campo da espiritualidade, as coincidências são interpretadas através do conceito de sincronicidade, introduzido pelo psicólogo Carl Jung. Jung descreveu a sincronicidade como "coincidências significativas", eventos que embora aparentemente desconectados, tem uma ligação simbólica ou um significado profundo para a pessoa que as experimenta. Não se trata apenas de dois eventos ocorrendo simultaneamente, mas de uma sensação de que esses eventos têm um propósito ou mensagem além do mero acaso.

Por exemplo, pensar em uma pessoa que você não vê a muito tempo e, logo em seguida, receber uma ligação dela, pode ser vista como uma sincronicidade.

A coincidência parece carregar uma mensagem implícita, talvez uma indicação de que aquela pessoa deve voltar à sua vida naquele momento específico.

Com o olhar da alma as coincidências são vistas como sinais no caminho da vida. Elas podem servir como confirmações de que estamos no caminho certo ou como lembretes de que há algo que precisamos prestar a atenção. Essas experiências podem despertar uma sensação de propósito e conexão sugerindo que a vida não é apenas uma sequência aleatória de eventos, mas uma jornada repleta de significado.

Coincidências podem ser vistas como momentos em que o "véu" entre o mundo material e o espiritual se torna mais fino, permitindo que recebemos uma visão ou uma mensagem do universo. Elas podem nos lembrar de que estamos sendo guiados e apoiados por forças invisíveis, seja através da intuição, da intervenção divina, ou de outras energias espirituais.

Quando vistas sob uma luz espiritual, podem ser convites a reflexão e ao autoconhecimento. Elas nos incitam a fazer perguntas como: O que este evento significa para mim? Ou Por que isso está acontecendo agora? Essas reflexões podem nos levar a insights valiosos sobre nossa jornada, nossos desejos, medos e aspirações.

Além disso, as coincidências podem nos encorajar a confiar mais em nossa intuição e a prestar a atenção às mensagens sutis que o universo nos envia. Elas nos lembram de que a vida é interconectada e que, muitas vezes, há uma ordem maior em jogo, mesmo que não a compreendemos completamente.

SINCRONICIDADE É UMA CONVERSA COM A VIDA

É o encontro mágico entre o tempo certo e o propósito certo. É quando o universo conspira para que as peças do quebra cabeça da vida se encaixem de maneira surpreendente, revelando um desenho que antes estava oculto.

O primeiro passo é cultivar a presença e a atenção plena. Quando estamos atentos ao momento presente, ficamos mais abertos para captar os sinais de que a vida nos envia.

Isso pode ser um encontro inesperado, uma mensagem significativa em uma música que toca na rádio no momento certo, ou um número que se repete em diferentes contextos. Esses eventos, por mais sutis que sejam, podem carregar significados profundos e pessoais, orientando nossas decisões e nos conectando a uma rede de eventos que vai além das simples causalidades.

Um aspecto importante é confiar na intuição. A sincronicidade se manifesta como uma sensação de que algo está alinhado ou faz sentido em um nível mais profundo, mesmo que a lógica não consiga explicar. A intuição é como um guia interior que nos ajuda a reconhecer quando algo está vibrando na mesma frequência de nossos pensamentos, sentimentos ou intenções. Para desenvolver esta sensibilidade, é necessário silenciar o ruído da mente e se conectar com o coração, onde reside uma sabedoria que vai além da racionalidade.

Estar aberto a significados maiores e abraçar uma perspectiva de propósito também é essencial. A sincronicidade tende a se revelar quando estamos alinhados com nosso propósito de vida ou quando precisamos de uma orientação especial para seguir a diante.

Ao manter um espírito receptivo e confiante de que a vida é um campo de infinitas possibilidades, começamos a perceber os alinhamentos sutis que nos conduzem em nossa jornada.

Reconhecer a sincronicidade é um chamado para participar ativamente do fluxo da vida, aceitando que estamos em constante comunicação com o universo. É perceber que não estamos isolados, mas sim integrados a um todo maior, onde cada evento carrega um potencial de aprendizado, crescimento e transformação. Ao cultivar esta percepção, passamos a ver a vida como uma dança harmoniosa entre destino e livre arbítrio, onde cada passo, por menor que pareça, é um movimento significativo dentro de uma coreografia cósmica.

Poema:

"UM SOM QUE ECOA" (Rumi)
No silêncio das manhãs,
Há um som que ecoa antes de todas as palavras.
É o sussurro da vida,
Um convite ao movimento,
Um chamado que apenas o coração atende.

Cada folha que cai,
Cada encontro e cada olhar,
São linhas de um poema secreto
Que a vida escreve para nos lembrar.
Não há acasos,

Apenas encontros marcados
Entre nós e o mistério.

A dança das estrelas e dos ventos,
O sorriso que aparece no momento certo,
Tudo é um eco de uma sinfonia invisível,
Uma conversa sem fim
Entre a alma e o universo.

Ouça o que não se diz,
Sinta o que não se toca,
E você verá
Que tudo é um sinal,
Um aceno da vida para o seu coração
Um lembrete manso de que você está exatamente onde deveria estar
Ouvindo a melodia
Da sua própria sincronicidade.

SORTE OU AZAR?

Entre o acaso e a Perspectiva

A ideia de sorte ou azar tem fascinado a humanidade desde os tempos antigos. Esses conceitos, frequentemente visto como forças misteriosas que influenciam a vida. Reflete nossa tentativa de compreender e lidar com o inesperado. Mas o que realmente significam sorte e azar? Eles são meros caprichos do acaso, ou há algo mais profundo em jogo.

O CONCEITO DE SORTE

Sorte é geralmente entendida como uma sequência de eventos favoráveis que ocorrem aparentemente sem uma causa específica. Ganhar na loteria, encontrar um emprego dos sonhos ou estar no lugar certo na hora certa são exemplos típicos de situações que muitos atribuem à sorte. A sorte é vista como algo positivo, uma benção inesperada que traz benefícios e alegria. Algumas culturas atribuem a sorte a símbolos e rituais específicos, acreditando que certas ações ou objetos podem atrair boa fortuna.

O CONCEITO DE AZAR

Por outro lado, o azar é a manifestação de eventos desfavoráveis que parece acontecer sem razão. Perder algo valioso, enfrentar dificuldades inesperadas ou estar no lugar errado na hora errada são exemplos comuns de experiências que as pessoas associam ao azar.

O azar é percebido como uma força negativa, trazendo desafios e obstáculos que complicam a vida. Assim como a sorte, o azar também pode estar ligado a superstições e crenças, como evitar passar por baixo de uma escada ou temer a sexta-feira 13.

SORTE OU AZAR?

Muitas vezes, a sorte e o azar são vistos como opostos, forças opostas que governam o destino das pessoas. No entanto, há quem acredite que estes conceitos não são tão aleatórios quanto parecem.

Em vez de serem meras coincidências, sorte e azar podem ser vistos como reflexos de nossa própria percepção e atitude em relação à vida.

Por exemplo, uma pessoa pode considerar-se azarado por ter perdido um emprego, mas essa mesma experiência pode ser vista como sorte quando se abre a oportunidade para uma nova carreira mais gratificante. Da mesma forma, uma série de eventos que inicialmente parecem sortudos podem, a longo prazo, levar a resultados indesejados. Nesse sentido, a sorte e o azar podem ser influenciados pela forma como interpretamos e reagimos às situações que enfrentamos.

A PERSPECTIVA ESPIRITUAL

Espiritualmente, muitos acreditam que o que chamamos de sorte ou azar pode estar relacionado ao karma ou ao propósito maior de uma pessoa. O karma em particular, sugere que as ações passadas influenciam as experiências presentes e futuras, o que significa que a sorte ou o azar podem ser resultado de nossas próprias ações, tanto nessa vida, quanto em vidas passadas.

Outras correntes espirituais e filosóficas sugerem que não há sorte e azar no sentido estrito, mas sim uma ordem maior ou um plano divino em que tudo o que acontece tem um propósito. Nessa visão os eventos que consideramos sorte ou azar são na verdade oportunidades de crescimento, aprendizado e transformação.

Estes dois conceitos variam de acordo com a cultura, a crença e a experiência pessoal. Enquanto alguns os veem como forças aleatórias e incontroláveis, outros acreditam que nossa atitude, percepção e até mesmo nossas ações passadas desempenham um papel crucial no que chamamos de sorte ou azar. Independente da visão que adotamos, é inegável que essas ideias continuam a moldar a forma como entendemos e navegamos pelo inesperado da vida. O importante talvez não seja tanto se temos sorte ou azar, mas como escolhemos responder às situações que nos são apresentadas.

Fábula (autor desconhecido)

SORTE OU AZAR!?

Era uma vez, na antiga China, um menino que tinha o desejo de ter um cavalo, mas não tinha dinheiro nenhum para comprar. Um dia, sentado na calçada de sua casa, passou uma cavalaria e levavam um potrinho que não conseguia acompanhar o grupo.

O dono da cavalaria, sabendo do desejo do menino, perguntou se ele queria o cavalinho.

O menino aceitou e ficou muito feliz com o presente.

Um vizinho, sabendo do ocorrido, falou ao pai do menino:

— Seu filho é sortudo!

— Por quê?, perguntou o pai.

— Ora, ele queria tanto um cavalo, passa a cavalaria e ele ganha um potrinho.

— Não é sorte? Falou o vizinho.

— Pode ser sorte ou azar, só o tempo dirá. Comentou o pai.

O menino cuidou do animal com muito carinho e assim o potrinho virou um cavalo. Um dia o cavalo fugiu e o vizinho falou com o seu pai:

— Que menino azarento! Ele ganhou um potrinho, cuidou tanto dele, e depois o animal foge?

— Sorte ou azar, só o tempo dirá, disse o pai.

O tempo passou e um dia o cavalo voltou com uma manada selvagem. O menino cercou todos eles e agora tinha muitos cavalos. O vizinho logo foi falar com o pai do menino: - Que sortudo é o seu filho, o cavalo fugiu, voltou com vários outros e agora ele tem uma cavalaria!

—Sorte ou azar, só o tempo dirá, falou o pai.

Passado um tempo, o menino era agora um rapaz e estava treinando os cavalos, quando caiu e quebrou a perna. O vizinho ao saber do ocorrido, foi falar com o pai:

— Que azarado o seu filho, o cavalo fugiu, voltou com tantos outros e ele quebra a perna ao treinar com os animais?

— Sorte ou azar, só o tempo dirá, falou o pai.

Dias depois, o reino onde moravam declarou guerra ao reino vizinho e todos os jovens foram convocados para a guerra, menos o rapaz, que estava com a perna quebrada.

O vizinho veio logo falar:

Que sortudo o seu filho...

Moral da história: **Não se revolte com as adversidades da vida, nem se empolgue demais com o sucesso. Tudo vem para o nosso bem, depende da nossa maneira de ver as coisas.**

ALÉM DA CRENÇA

Quando nos permitimos além das crenças, adentramos um espaço de liberdade interior, onde o medo do desconhecido é substituído pela confiança na própria jornada de descoberta. Ir além da crença é um ato de coragem e amor por si mesmo. É reconhecer que somos seres em constante transformação, e para continuar crescendo, precisamos estar dispostos a deixar ir o que já não ressoa com nossa verdade mais profunda. É um passo em direção à plenitude, onde a mente se aquieta e o coração se abre para novas realidades mais amplas e iluminadas.

A busca pela verdade requer uma mente livre de crenças. A verdade não pode ser encontrada dentro dos limites de uma crença, pois a crença, por sua própria natureza, é uma forma de condicionamento. Ela molda a percepção, filtra a experiência e cria um viés que impede o indivíduo de ver a realidade como ela é.

A verdade é algo que deve ser descoberto diretamente, sem intermediários. A observação atenta, a meditação e a reflexão profunda podem levar a uma compreensão que está além de qualquer crença. Em outras palavras, a verdade é algo que deve ser vivenciado e não simplesmente acreditado.

O PERIGO DAS CRENÇAS COLETIVAS

As crenças coletivas podem ser ainda mais limitadoras que as crenças individuais.

As crenças organizadas como as igrejas institucionalizadas, seitas estruturadas e ideologias políticas são forças que dividem a humanidade. Essas crenças criam fronteiras mentais e emocionais entre as pessoas, levando a conflitos, intolerância e violência.

As crenças coletivas promovem a conformidade e desencorajam o pensamento crítico.

Elas criam um censo de identidade grupal que se impõe a individualidade e a liberdade de pensamento. Neste sentido, a crença é uma forma de escravidão mental que aprisiona o indivíduo em um ciclo de medo e divisão.

A LIBERAÇÃO DAS CRENÇAS

A verdadeira liberdade só pode ser alcançada quando o indivíduo se liberta de todas as crenças. Isto não significa viver em um estado de constante dúvida ou ceticismo, mas sim viver em um estado de abertura e questionamento contínuo.

A pessoa deve investigar por si mesma e observar a vida diretamente e evitar qualquer forma de autoridade externa que queira impor uma crença sobre ela.

A mente deve estar em um estado de "não saber" uma abertura que permite a percepção direta e a compreensão genuína. Esse estado de abertura, sem a interferência das crenças preconcebidas, é chamado de "atenção plena" ou "consciência plena". Somente a partir dessa condição é que a verdade pode ser experimentada de maneira pura e imediata.

A crença é um dos principais obstáculos à liberdade e a verdade. A crença limita a mente, cria divisão e impede a verdadeira compreensão da realidade.

A liberdade só pode ser alcançada quando o indivíduo se libertar de todas as crenças e abordar a vida com a mente aberta, atenta e questionadora.

A verdadeira sabedoria não reside na acumulação de crenças, mas na capacidade de ver e compreender a realidade como ela é; sem filtros e preconceitos.

Ao nos libertarmos das crenças que nos aprisionam, abrimos o caminho para a leveza e a liberdade. É um processo contínuo de desapego e renascimento que nos conduz a uma existência mais alinhada com quem realmente somos.

ESPIRITUALIDADE E RELIGIÃO

A RELIGIÃO é um sistema organizado de crenças, práticas e rituais que geralmente envolvem uma divindade ou força transcendental. Religiões têm, estruturas institucionais, textos, escrituras sagradas e normas éticas que orientam a vida de seus seguidores.

ESPIRITUALIDADE envolve a busca por significado, propósito e conexão com algo maior que o eu individual. É o "saber" através da experiência direta e da descoberta interior, podendo ser praticada dentro ou fora de contextos religiosos organizados. A espiritualidade inclui aspectos como meditação, introspecção, compaixão e a busca por entendimento mais profundo da existência e da consciência.

A RELIGIÃO COMO UM DEGRAU PARA IR ALÉM...

A religião, em sua essência pode ser vista como um degrau na jornada espiritual que conduz a verdadeira liberdade interior. Embora muitas vezes associada a dogmas, rituais e regras, a religião também pode servir como um ponto de partida para aqueles que buscam se conectar com o divino e alcançar uma vida mais consciente e plena.

Para muitos, a religião oferece uma base inicial de entendimento sobre o mistério da existência. Ela traz ensinamentos sobre valores morais, virtudes e oferece respostas para algumas perguntas fundamentais sobre a vida, a morte e o propósito humano. Nesta perspectiva, a religião pode ser um início da busca por algo maior que o eu individual. Seus rituais e preceitos fornecem uma estrutura e uma disciplina que, para muitos, são necessários nos estágios iniciais da jornada espiritual.

No entanto, à medida que o indivíduo mergulha mais profundamente em sua prática religiosa, pode começar a perceber que os rituais externos, por mais importante que sejam, são apenas símbolos de uma verdade mais profunda. A partir dessa compreensão, a religião pode se transformar em um trampolim para a liberdade espiritual; um ponto de partida para a descoberta da própria divindade interior.

A verdadeira liberdade não é a ausência de disciplina, mas o reconhecimento de que a conexão com o divino está além das formas externas. Quando a religião é vivida conscientemente, ela pode despertar ao praticante uma sede por algo mais: uma conexão direta e inabalável com o sagrado, que não depende de rituais ou dogmas, mas de um estado de ser. Nessa fase o indivíduo compreende que as regras e tradições que seguiu eram degraus necessários, mas que a liberdade espiritual vem de dentro, da vivência da verdade, da paz e do amor.

Assim, a religião quando usada com sabedoria, pode ser um valioso instrumento de transformação. Ela oferece a base que, eventualmente, permite que o praticante transcenda suas limitações e descubra a liberdade de Ser. Uma liberdade que não está sujeita a regras externas, mas que se enraíza no coração, na plenitude da comunhão com o divino. O papel da religião, então não é o de aprisionar; mas de orientar até que o buscador possa caminhar sozinho, consciente da luz que sempre esteve dentro dele.

RELIGIÃO COMO PRISÃO

Quando a religião é vivida de forma rígida e dogmática, ela pode se tornar uma prisão para a alma. Em vez de ser um caminho de conexão com o sagrado, pode limitar o indivíduo com regras inflexíveis, medo de punição e uma dependência de autoridades externas para validar sua fé. Nessas condições a religião sufoca a liberdade interior, aprisionando o Ser em rituais vazios e crenças impostas, ao invés de nutrir o autoconhecimento e a descoberta do divino dentro de si. O que deveria ser um caminho para liberdade interior torna-se, então um peso que impede o florescimento da verdadeira espiritualidade.

Siga além das crenças, este é o convite para explorar o desconhecido e confiar na própria conexão interior com o divino, sem a necessidade de intermediários ou estruturas rígidas. Isso está alinhado com a essência da espiritualidade, que valoriza a liberdade de pensamento e a busca contínua pela verdade pessoal.

AS MENTIRAS QUE CONTAMOS...

Mentimos. As vezes de forma sutil, outras vezes de maneira descarada. Inventamos desculpas, criamos narrativas, escondemos verdades. Mentimos para os outros, mas acima de tudo, mentimos para nós mesmos. Essas mentiras pequenas e grandes, são muitas vezes disfarces para os nossos medos, para as inseguranças que insistem em nos assombrar.

Dizemos que está tudo bem, quando na verdade estamos desmoronando por dentro. Fingimos satisfação em empregos que não nos preenchem, sustentamos relacionamentos que já perderam o brilho e não estão mais alinhados conosco, ou evitamos encarar aquele sonho guardado no fundo da gaveta, sempre esperando pelo "momento certo". A maior mentira, talvez seja a que contamos para a nossa alma: de que um dia, sem ação ou coragem, a vida por si só vai nos conduzir para onde queremos estar.

Outra mentira é acreditar que o tempo vai curar todas as feridas, sem que você precise se mexer. Esconde-se por trás da procrastinação emocional, evitando confrontar dores antigas, traumas e arrependimentos. Espera-se que, ao passar dos dias, meses ou anos, tudo se ajeite por mágica, sem que haja a necessidade de olhar para dentro e fazer as pazes com o passado. Mas o tempo por si só não cura o que você não permite que seja curado.

Há também o engano de pensar que felicidade está sempre em algo ou alguém fora de você. Quando você coloca sua alegria nas mãos de outra pessoa, em conquistas materiais ou no reconhecimento externo, está fugindo da verdadeira fonte de paz: a conexão com seu próprio ser. É um engano profundo, que leva uma busca incessante por algo que nunca satisfará, pois a verdadeira plenitude só pode ser encontrada dentro de si.

Mentimos porque é mais fácil do que enfrentar a realidade. Porque é mais confortável viver dentro dos limites que nós mesmos criamos. Acreditamos nas máscaras que colocamos, fingindo que se ignoramos o suficiente, a verdade deixará de existir. Mas a verdade sempre encontra um jeito de aparecer, ainda que seja nos momentos mais silenciosos, quando tudo ao redor está em paz, mas o coração insiste em bater descompassado.

As mentiras que contamos acabam por se tornar um fardo. Elas nos afastam da nossa essência, nos prendem em ciclos de autoengano e sabotagem que nos fazem perder a oportunidade de viver de forma autêntica. Cada mentira é uma pequena prisão que construímos, uma muralha que nos separa da liberdade de ser quem realmente somos.

Para quebrar essas correntes, é preciso coragem. Firmeza para olhar para dentro e reconhecer as verdades que escondemos, para aceitar nossas falhas e vulnerabilidades. É preciso ter ousadia de dizer "não" quando algo não nos faz bem, de soltar o que nos pesa. Ter humildade de assumirmos nossos erros e pedir desculpas quando necessário; é preciso perdoar nossos enganos, é preciso seguir adiante com leveza.

Quando paramos de mentir para nós mesmos, algo mágico acontece: nos libertamos!

Abrimos espaço para a autenticidade, para a verdadeira felicidade que vem do simples fato de sermos fiéis a nossa alma. Descobrimos que, ao sermos honestos, não apenas com o mundo, mas principalmente conosco, podemos enfim viver uma vida plena, sem máscaras, sem desculpas e cheia de verdades.

NÃO MORRA ANTES DE MORRER

A vida é um sopro divino. Cada instante é um convite à presença plena, uma chance de vivermos com profundidade, sentido e conexão. No entanto, muitas vezes nos deixamos aprisionar pelas amarras ocultas do medo, das crenças limitantes e dos julgamentos alheios. Morremos de certa forma, antes mesmo de nossa última respiração.

Neste mundo acelerado, onde as demandas sociais, profissionais e pessoais parecem sempre estar em alta, a mente muitas vezes fica sobrecarregada. A tecnologia, com suas vantagens, também trouxe um novo tipo de pressão: estar sempre conectado, produtivo e exposto, o que pode intensificar o isolamento e a comparação social.

A depressão e a ansiedade têm sido as "doenças do século". Pois a depressão, com seu peso invisível, rouba a vitalidade, a alegria e o sentido de viver, enquanto a ansiedade prende o indivíduo em um ciclo de preocupações incessantes e medo do futuro. Ambas as condições muitas vezes coexistem, criando um ambiente interno de sofrimento que parece inescapável. O ritmo frenético da vida moderna, o excesso de informações e a desconexão do que realmente importa – como a natureza, o silêncio interior, e as relações humanas profundas- podem ser fatores que contribuem para o aumento desses transtornos. O foco exagerado no desempenho e na realização material pode esvaziar o sentido mais profundo da existência, afastando-nos do nosso eu autêntico.

Viver sob o domínio do ego é como construir uma prisão invisível. É habitar um espaço limitado, onde as ilusões sobre quem pensamos ser ditam nossos passos. O ego nos faz acreditar que somos nossas posses, títulos, nossas máscaras sociais. Ele nos faz esquecer a essência que transcende tudo isso.

Morrer lentamente é perder o contato com que é eterno dentro de nós. É permitir que o medo, a insegurança e a necessidade de controle nos façam reféns de uma vida superficial. Quando vivemos presos no ego, nossas vidas são governadas por uma constante busca por validação externa, por comparações que nunca nos satisfazem, por uma sede insaciável de mais: mais reconhecimento, mais poder, mais coisas.

Cada dia que passamos imersos nessa armadilha, uma parte de nós vai ser apagada. A alma que anseia por liberdade e expansão, é sufocada pelas correntes do ego. E assim a morte vai se aproximando, não a morte física, mas aquela que rouba a vivacidade da alma, que nos impede de enxergar além do véu das aparências.

Escapar dessa lenta morte é despertar para o que é real. É reconhecer que somos muito mais do que o ego pode conter. Somos a vastidão do Ser, o silêncio que habita além dos pensamentos, a presença que testemunha a vida em sua totalidade. Viver verdadeiramente é romper com as correntes do ego e mergulhar na profundidade do Ser, onde encontramos paz, amor e a verdadeira liberdade.

Morrer antes de morrer é, portanto, perder a capacidade de sentir a vida pulsar dentro de nós. É sufocar os desejos da alma, esconder nossos sonhos no porão do conformismo e desistir da liberdade de ser. É quando nos deixamos envolver pelo automatismo do cotidiano, esquecendo de quem realmente somos.

A verdadeira morte não acontece quando o corpo se despede do mundo material, mas sim quando deixamos de ouvir o chamado do espírito, de expandir nossa consciência e nos permitir a sentir a vida em sua plenitude. Quando fechamos nossos corações ao novo, ao amor, à transformação, experimentamos uma morte lenta, invisível, porém devastadora.

Por isso, não morra antes de morrer. Viva intensamente! Abrace suas sombras, ilumine seus medos e renasça a cada dia. A morte física chegará no seu tempo, mas a morte espiritual não precisa nos tocar se mantivermos a chama da vida acesa dentro de nós. Abra-se para o divino em cada passo, em cada respiração, e lembre-se enquanto tiver vida, há sempre possibilidade de renascer. O despertar é para quem se permite viver, antes de tudo em liberdade.

MORRER LENTAMENTE

Morre lentamente quem não viaja,
Quem não lê,
Quem não ouve música, quem não encontra graça em si mesmo.

Morre lentamente
Quem se transforma em escravo do hábito,
Repetindo todos os dias os mesmos trajetos,
Quem não muda de marca,
Não se arrisca a vestir uma nova cor
Ou não conversa com quem não conhece.

Morre lentamente
Quem faz da televisão seu guru

Morre lentamente
Quem evita uma paixão
Quem prefere o preto no branco
E os pingos nos "is" a um redemoinho de emoções,

Justamente as que resgatam o brilho nos olhos,
Sorrisos dos bocejos,
Corações aos tropeços e sentimentos.

Morre lentamente
quem não virar a mesa quando está infeliz com seu trabalho
Quem não arrisca o certo pelo incerto
Para ir atrás de um sonho,
Quem não se permite pelo menos uma vez na vida
Fugir dos conselhos sensatos.

Morre lentamente
Quem passa os dias queixando-se da sua má sorte
Ou da chuva incessante.

Morre lentamente
Quem abandona um projeto antes de iniciá-lo
Não pergunta sobre um assunto que desconhece
Ou não responde quando lhe indagam sobre algo que sabe.

Evitemos a morte em doses suaves,
Recordando sempre que estar vivo exige um esforço
Muito maior que o simples fato de respirar
Somente a ardente paciência
levará a conquista
de uma esplêndida felicidade.

(POEMA atribuído a Pablo Neruda)

SOLTE AS AMARRAS DO PASSADO

Essas palavras carregam um pedido poderoso para a liberdade e para o reencontro com a nossa identidade real. Soltar as amarras do passado é um ato de desapego, uma liberação das correntes invisíveis que nos mantém presos a experiências, emoções e histórias que já cumpriram seu propósito.

Relações, sejam elas de amizade, familiares ou amorosas, deixam marcas em nossa alma. Algumas cheias de afeto e aprendizado, outras repletas de dores e mágoas. Quando mantemos essas amarras, carregamos um peso que pode nos impedir de viver plenamente e de abrir o coração para novas experiências e conexões.

Soltar as dores das relações passadas começa com o reconhecimento de que o sofrimento faz parte do processo humano, mas não precisa definir nossa trajetória. É aceitar que o que aconteceu não pode ser mudado, mas a maneira como nos relacionamos com essas memórias pode ser transformada. Essa transformação é um ato de cura e de autocuidado, bem como um convite à compaixão e ao perdão, tanto para nós mesmos quanto para aqueles que, de alguma forma contribuíram para as feridas.

Perdoar não significa justificar ou esquecer o que aconteceu; é liberar o controle que essas dores têm sobre nós. É compreender que todos estamos em diferentes estágios de evolução e que, muitas vezes, as ações dos outros refletem as próprias dores e limitações deles, não o nosso valor ou merecimento.

Deixar ir aquilo que nos prende envolve a prática da presença, onde nos permitimos sentir as emoções associadas às dores passadas sem nos afogarmos nelas. É como observar as nuvens passarem-no céu, reconhecendo sua forma, mas permitindo que se dissipem ao vento. Meditação, escrita, ou mesmo conversas honestas com um amigo ou terapeuta podem ser ferramentas valiosas para soltar o que não nos serve mais.

A resiliência desempenha um papel fundamental no processo de soltar as amarras do passado, oferecendo a força e a flexibilidade necessária para navegar pelas emoções e memórias difíceis. Quando enfrentamos dores e desafios de experiências passadas, é a resiliência que nos permite encarar essas situações com uma atitude de aprendizado e crescimento, em vez de ficarmos presos em um ciclo interminável de sofrimento e apego.

Ao nos desvincularmos desses laços, abrimos espaço para novas possibilidades, para a renovação e para a criação de uma vida que realmente ressoe com nossa essência.

É um processo que exige paciência e gentileza consigo mesmo, pois soltar o passado não é um evento único, mas uma prática contínua. Cada pequena escolha e não reagir da mesma forma, de não se identificar com a dor, é um passo em direção à liberdade. Com resiliência aprendemos honrar nossa jornada, a valorizar nossa força e a caminhar com leveza, sabendo que o passado moldou quem somos, mas não define quem podemos nos tornar.

FECHANDO CICLOS: Fechar ciclos e a verdadeira renovação espiritual que precisamos cultivar. A vida é uma constante dança de encontros e desencontros, de inícios e términos. E, dentro dessa dinâmica, arrastar relacionamentos passados é como carregar uma âncora que nos impede de navegar com liberdade nos mares do presente. Quando insistimos em manter laços que já perderam sua força ou significado, acabamos nos aprisionando em memórias e padrões que drenam nossa energia. Quando estamos apegados a esses relacionamentos que não promovem nosso crescimento, significa que estamos presos ao vício da codependência. Felicidade implica liberdade. Liberdade implica renunciar a qualquer tipo de codependência. Em algum momento, você vai ter que usar a espada da vontade para se livrar desse vício.

Fechar ciclos é reconhecer com gratidão o aprendizado que cada relação trouxe; seja de afeto, de dor, alegria ou crescimento. Cada pessoa que cruza nosso caminho tem um papel na nossa jornada, mas nem todas estão destinadas a caminhar conosco para sempre. Algumas cumprem seu propósito em nossas vidas e, então precisamos deixar ir.

Romper conexões ou ligações não desejadas é um ato de amor-próprio e uma afirmação do poder de recriar nossa realidade, vivendo com autenticidade e presença no agora.

É a libertação que permite que nossa essência brilhe sem as sombras do que já passou, acolhendo cada novo momento com uma nova oportunidade de ser.

Portanto liberar essas indesejáveis amarras é uma escolha diária, é um passo em direção a liberdade emocional, é uma escolha de viver com leveza, coragem e o coração aberto para o que está por vir.

O KARMA E O PROCESSO EVOLUTIVO

O karma desempenha um papel essencial na evolução humana, funcionando como uma lei universal de causa e efeito que guia o processo de aprendizado e crescimento espiritual ao longo das vidas. A palavra "karma" derivada do sânscrito, significa ação, mas seu significado é muito mais amplo: envolve as consequências das ações, pensamentos e intenções de cada indivíduo.

Aqui estão algumas das principais funções do karma em nossa evolução:

EQUILÍBRIO E APRENDIZADO: O karma atua como força que traz equilíbrio ao universo. Toda a ação gera uma consequência, seja positiva ou negativa, que retorna ao indivíduo em algum momento de sua existência. Isso não deve ser entendido como punição ou recompensa, mas como uma oportunidade de aprendizado. O que uma pessoa experimenta, seja prazer ou dor, é resultado de suas próprias escolhas passadas, e essas experiências são fundamentais para o seu desenvolvimento espiritual. Cada experiência impulsionada pelo karma, traz consigo uma lição. Ao passar por situações desafiadoras ou gratificantes, a pessoa tem a oportunidade de aprender sobre suas próprias atitudes, sentimentos e pensamentos. Isso o ajuda a ajustar seu comportamento, tornando-se mais consciente das leis universais que governam a vida.

DESENVOLVIMENTO DA CONSCIÊNCIA: O karma incentiva o desenvolvimento da consciência. Ao perceber que cada pensamento, palavra e ação gera uma consequência, o indivíduo começa a viver com mais atenção e responsabilidade: esse processo de auto-observação é fundamental para a evolução, pois o ser humano começa a abandonar comportamentos inconscientes e reativos, e passa a viver de maneira mais consciente e compassiva. Através dessa conscientização, o karma nos ensina a importância de agir com integridade, bondade e compaixão. Cada ação tomada com intenção de crescimento e elevação espiritual contribui para o despertar da alma e para o avanço da jornada evolutiva.

CURA E LIBERTAÇÃO: Uma das funções mais importantes do karma é trazer à tona padrões de comportamento e moções não resolvidas para que possam ser curadas. A evolução humana depende da capacidade de libertar-se de antigos padrões cármicos que mantém o indivíduo presos a ciclos repetitivos de sofrimento e ignorância. Esses ciclos cármicos podem estar relacionados a questão como a raiva, medo, culpa, apego ou qualquer outra energia negativa acumulada ao longo das vidas. Quando enfrentamos estas situações e escolhemos lidar com elas de forma mais elevada – através do perdão, do amor e da compreensão – estamos curando o karma e, assim, liberando-nos das repetições dolorosas.

RESPONSABILIDADE PESSOAL: O karma ensina a responsabilidade pessoal. Ao invés de culpar os outros ou as circunstâncias externas pelas dificuldades ou desafios da vida, o indivíduo compreende que ele mesmo é o criador de sua realidade. Esse entendimento promove a autonomia espiritual e encoraja a pessoa a assumir o controle de suas ações, pensamentos e sentimentos. Essa responsabilidade não significa se autocriticar ou se culpar, mas sim reconhecer que cada um tem o poder de mudar o seu destino e criar uma vida mais harmoniosa e equilibrada. Isso é um passo essencial para a evolução, pois implica em um nível de maturidade que reconhece o próprio papel no fluxo da vida.

EXPANSÃO DO AMOR E DA COMPAIXÃO: Através das lições que o carma oferece, o ser humano desenvolve uma capacidade crescente de amar e ter compaixão por si mesmo e pelos outros. Quando entendemos que cada pessoa está passando por suas lições cármicas, somos capazes de nos tornar mais empáticos e menos julgadores. Essa expansão da compaixão nos aproxima de nossa verdadeira natureza espiritual, que é baseada no amor incondicional. Ao agir de forma mais amorosa e compreensiva, criamos karma positivo que ajuda a elevar a nós mesmos e ao coletivo, acelerando nosso processo evolutivo.

LIBERAR-SE DO CICLO CÁRMICO: Um dos objetivos finais do karma na evolução humana é a liberação do ciclo cármico. Quando o ser humano aprende todas as lições necessárias e purifica o seu karma, ele transcende a necessidade de reencarnação compulsória, o ciclo de nascimento e morte. Isso é conhecido em muitas tradições espirituais, como iluminação ou liberação (Moksha), um estado de unidade com o divino, onde o indivíduo não é mais influenciado pelos padrões de causa e efeito. Nesse estado a alma evoluída vive em harmonia com as leis universais, agindo puramente por amor, serviço e compaixão, sem apegos aos resultados das ações. Este é o estágio final da jornada cármica, onde o ser humano se torna um cocriador consciente da realidade, em alinhamento com o divino.

No caminho da liberdade, o karma nos convida a expandir a consciência, a agir com compaixão e a honrar o propósito mais elevado da nossa existência. À medida que integramos essas lições, começamos a nos libertar das amarras cármicas, nos permitindo viver de acordo com nossa essência pura. Assim nos movemos em direção à verdadeira liberdade – aquela que transcende o tempo, o espaço e as limitações do ego.

ENTENDA
A FELICIDADE

A felicidade depende de onde você está em sua consciência. Se você estiver adormecido então os prazeres momentâneos serão a felicidade.

Para entender a felicidade, é necessário ir além destas definições superficiais que associam meramente ao prazer, a ausência de dor ou a realizações dos desejos.

Muitas vezes confundimos a felicidade com momentos de prazer ou satisfação temporária. Embora esses momentos sejam agradáveis, eles são efêmeros e não constituem a verdadeira felicidade.

A felicidade genuína está enraizada na aceitação plena de si mesmo e da vida como ela é, com todas as imperfeições e incertezas.

Assim como as folhas crescem nas árvores, os desejos e as expectativas crescem na mente. Você queria uma casa nova e agora a tem, mas onde está o prazer? Ele esteve presente apenas por um momento, quando você atingiu seu objetivo, mas ao atingi-lo, sua mente deixou de se interessar por ele e já começou a tecer novas teias de desejo, já começou a pensar em outra casa, em casas maiores... e o mesmo acontece a respeito de tudo.

O prazer o mantém em um estado inquieto, deixando-o sempre em tumulto. Tantos desejos, e cada desejo é insaciável, clamando por atenção. Você permanece vítima de uma multidão de desejos insanos, insanos por serem irrealizáveis, e eles arrastam a diferentes direções. Você se torna uma contradição; um desejo o leva para a esquerda, o outro para a direita, e simultaneamente você fica nutrindo ambos os desejos. E então você sente uma divisão, sente-se repartido como se estivesse despedaçado.

Ninguém mais é responsável, essa situação é criada por todo este equívoco de desejar a felicidade e buscar o prazer.

Quando a pessoa começa a se afastar do estado adormecido em direção ao estado desperto, então a felicidade tem um significado totalmente diferente, ela se torna mais uma qualidade e menos uma quantidade; mais centro e menos periferia.

Outra armadilha é acreditar que a felicidade é alcançar certos objetivos ou adquirir certos bens.

Pensamos que seremos felizes quando conseguirmos aquele emprego dos sonhos, quando encontrarmos o parceiro ideal, ou quando tivermos estabilidade financeira. No entanto, esta visão condicional da felicidade nos coloca em um ciclo interminável de desejos e expectativas que não trazem a satisfação que imaginamos.

A felicidade verdadeira não é condicionada. Ela surge quando liberamos o apego a essas expectativas e aprendemos a encontrar a alegria no presente momento, independentemente das circunstâncias. É a realização de que a felicidade não está em algum lugar no futuro, mas pode ser experimentada aqui e agora na simplicidade do cotidiano, na apreciação das pequenas bençãos da vida.

A natureza da felicidade, em sua essência é um estado de contentamento interior, uma sensação de paz e harmonia que se manifesta quando estamos em alinhamento com o nosso verdadeiro eu e com o propósito de nossa existência. Não e simplesmente um reflexo das circunstâncias exteriores, mas um estado de ser que pode coexistir até meio os desafios e dificuldades.

A felicidade não é um ponto de chegada, mas um caminho que trilhamos com consciência e intenção. Ao invés de buscá-la fora, naquilo que é passageiro e mutável, a verdadeira felicidade se encontra dentro, no silêncio de nosso ser, na aceitação plena do presente e na profunda conexão com a vida em sua totalidade.

Poema:

"Felicidade Clandestina"

Felicidade se acha é em horinhas de descuido.

O jeito é ter paciência e fé na vida.

Felicidade é a certeza de que a nossa vida não está se passando inutilmente

A felicidade aparece para aqueles que choram

Para aqueles que se machucam

Para aqueles que buscam e tentam sempre.

(Clarisse Lispector)

CELEBRE A MATURIDADE

Envelhecer qualquer animal é capaz disso...
Crescer é prerrogativa dos seres humanos
Só alguns reivindicam esse direito
(Osho)

Há uma grande diferença entre maturidade e envelhecimento, uma diferença ampla, e muitas pessoas continuam confusas sobre isso. Elas pensam que envelhecer é se tornar maduro; mas envelhecer pertence ao corpo.

Todo mundo está envelhecendo, todo mundo ficará velho, mas não necessariamente maduro. A maturidade é um crescimento interior.

Celebrar a maturidade, e não apenas a idade, é reconhecer que o valor de uma pessoa não está no número de aniversário que ela comemorou, mas na sabedoria, no equilíbrio e na profundidade que ganhou em suas experiências.

Podemos ter a experiência de algo de dois modos. Você pode experienciar algo simplesmente como que hipnotizado, inconsciente, não atento ao que está acontecendo; a coisa aconteceu, mas você não estava lá... você estava ausente, isso nunca teve nenhuma ressonância com você. Nunca o marcou, você jamais aprendeu algo com isso. Pode ter se tornado parte de sua memória, mas nunca se tornou a sua sabedoria. Você nunca cresceu com isso. Então você está envelhecendo.

Mas se você traz a qualidade de sua consciência a uma experiência, esta se torna maturidade. Se você leva a consciência para suas experiências, independente do que faça, do que lhe aconteça, está alerta, atento, presente, avaliará a experiência de todos os ângulos, está tentando entender-lhe o significado, tentando a viver isso intensa e totalmente, então isso não é um fenômeno superficial. No fundo do seu coração algo está mudando com isso. Se isso foi um erro, essa experiência, você nunca cometerá novamente.

Uma pessoa madura nunca comete duas vezes o mesmo erro; mas a pessoa que é apenas velha continua cometendo os mesmos erros repetidas vezes. Ela anda em círculos e nunca aprende nada. Se você viver com consciência você amadurece, caso contrário você simplesmente envelhece.

Maturidade é a capacidade de enfrentar os altos e baixos da vida com serenidade e compreensão. É saber que os erros são parte do processo de crescimento, e que cada desafio superado contribui para a construção de uma visão mais ampla e mais compassiva do mundo. Enquanto a idade é inevitável e marcada pelo tempo, a maturidade é uma conquista pessoal, resultado de escolhas, reflexões e aprendizados ao longo da jornada.

Para mim, a maturidade é sinônimo de realização; é chegar a concretização do profundo potencial. A semente fez uma grande jornada e floresceu.

A maturidade tem uma fragrância. Confere grande beleza à pessoa, confere inteligência. Faz com que ela apenas ame. Sua ação é o amor, sua inação também é; sua vida é amor.

A pessoa madura é apenas uma flor de amor!

Quando celebramos a maturidade, reconhecemos o valor da experiência. Aprendemos a apreciar a tranquilidade que vem com o autoconhecimento, a segurança de saber quem somos e o que realmente importa para nós. Com a maturidade ganhamos a capacidade de olhar para traz sem arrependimentos, valorizando cada lição aprendida e cada pessoa que cruzou o nosso caminho.

Celebrar a maturidade também é celebrar a autenticidade. É nessa fase que nos sentimos mais livres para sermos quem realmente somos, sem a necessidade de nos adequar as expectativas externas ou a padrões de comportamento imposto pela sociedade. Nos permitimos viver de acordo com nossos próprios valores e desejos, encontrando satisfação nas pequenas coisas e nas relações verdadeiras.

Além disso, a maturidade nos ensina a arte do desapego. Com o tempo aprendemos que a felicidade não depende de acumular bens materiais ou de seguir um roteiro pré-estabelecido, mas de encontrar a paz interior e harmonia nas nossas escolhas. Ao celebrar a maturidade, estamos na verdade celebrando a liberdade de viver uma vida mais plena e consciente.

Portanto, ao invés de focar na contagem dos anos, vamos celebrar o que realmente importa: a maturidade que nos torna mais sábios, mais compassivos e mais autênticos. Que cada ano a mais seja uma oportunidade de crescer, aprender e evoluir; e que a verdadeira celebração seja o reconhecimento do quanto liberamos nossa força interior, e do quanto ainda podemos crescer.

IMPRIMA CRIATIVIDADE

Imprimir criatividade na vida é muito mais do que simplesmente ter ideias novas ou inovadoras; é uma maneira de viver, uma filosofia que transforma o profano no sagrado.

Criatividade é a energia vital que nos move a explorar, experimentar e expressar nossa individualidade de formas únicas e autênticas. Quando imprimimos criatividade em tudo o que fazemos, damos cor e vida ao nosso cotidiano. Durante o ato de criar, tudo pode tornar-se a porta, até mesmo um trabalho de limpeza.

Quando colocamos um toque criativo em cada ação, tornamos o trabalho mais prazeroso, os problemas mais fáceis de resolver e a vida mais rica e significativa. Criar não é apenas sobre fazer algo novo, mas sobre fazer algo com paixão, intenção e autenticidade.

Para imprimir criatividade, é essencial abrir-se ao desconhecido e permitir-se ver o mundo com olhos de curiosidade e encantamento. Isso significa abandonar o medo de errar. Superar as limitações imposta por padrões rígidos e abraçar a liberdade de criar sem julgamentos. A criatividade floresce quando nos permitimos sonhar, questionar e pensar fora das convenções; transformando desafios em oportunidades para inovar e crescer.

Também envolve cultivar a inspiração em todos os aspectos da vida. Seja no trabalho, nas relações ou nos hobbies, a criatividade surge quando alimentamos nossa mente com novas experiências, conhecimentos e perspectivas.

Ler um livro diferente, explorar um novo lugar, ou simplesmente mudar a rotina podem ser gatilhos para novas ideias e insights. Ao nutrir nossa imaginação, estamos constantemente renovando a fonte de criatividade dentro de nós.

Manifestar nossa originalidade é reconhecer que todos temos um potencial criativo único, que merece ser expresso e compartilhado com o mundo. Quando abraçamos essa verdade, permitimos que nossa luz brilhe mais forte, inspirando outros a fazer o mesmo. A criatividade não é um dom reservado para alguns, mas uma habilidade que todos podemos cultivar e expandir, transformando nossas vidas e os lugares por onde passamos.

QUATRO CHAVES PARA IMPRIMIR CRIATIVIDADE:

Toda vez que cria, você sentirá o gosto da vida; e isso depende de sua intensidade, de sua totalidade. Quando faz algo criativamente, amorosamente, dedicadamente, você sente o sabor suave da vida.

1 VOLTE A SER CRIANÇA

Quando éramos crianças, o mundo era um vasto campo de possibilidades, onde tudo era novo e cheio de magia. Não há limites para a imaginação, qualquer objeto comum podia se transformar em algo extraordinário, e cada dia era uma oportunidade para explorar, experimentar e criar.

À medida que crescemos, deixamos esta espontaneidade de lado, substituindo-a por padrões rígidos, expectativas sociais e medo de errar. No entanto a verdadeira criatividade floresce quando nos permitimos retornar a este estado de curiosidade e liberdade que tínhamos na infância.

Voltar a ser criança é recuperar a capacidade de ver o mundo com olhos deslumbrados, onde cada desafio é uma chance de inventar algo novo e onde o impossível se torna possível.

Crianças não têm medo de testar ideias, de brincar com conceitos e de fazer perguntas que parecem óbvia para os adultos. Elas experimentam sem medo de falhar, e é nesse processo de tentativa e erro que surgem as ideias mais brilhantes. Ao voltar a ser criança nos reconectamos com essa liberdade de explorar e descobrir sem as amarras da autocrítica ou do perfeccionismo. Isso nos permite acessar uma fonte inesgotável de criatividade, onde a imaginação é o único limite. Além disso, as crianças têm uma habilidade de viver no momento presente, totalmente imersa no que estão fazendo. Essa presença total é a chave para a criatividade. Quando nos envolvemos completamente em uma atividade, sem distrações ou preocupações, abrimos espaço para que a criatividade flua de maneira natural e espontânea. Esse estado de fluxo é onde as melhores ideias e soluções emergem quase sem esforço. Portanto, deixe que esta criança interior guie sua jornada criativa, e você verá que a vida se torna mais colorida, emocionante e cheia de possibilidades.

2 SEJA UM SONHADOR

Sonhar é desbloquear a criatividade em sua forma mais pura. Os sonhos são um terreno fértil onde as sementes das ideias crescem e florescem, abrindo portas para mundos que ainda não existem, mas que podem ser criados. Os sonhadores são aqueles que olham além do que é evidente, que se permitem imaginar o que poderia ser, e que têm a coragem de transformar essas visões em realidades. Sonhar é navegar nas águas do desconhecido, onde não há garantias, nem caminhos traçados. No entanto, é a coragem de sonhar alto e seguir a diante das incertezas, que nos permite inovar e dar vida ao novo.

Os sonhos nos empurram para fora da zona de conforto e nos desafiam a crescer, aprender e evoluir. Além disso ser um sonhador nos conecta com nossa essência mais profunda. Os sonhos revelam nossos desejos mais autênticos, nossas paixões e nossos propósitos.

Quando seguimos esses sonhos, nossa criatividade gera um propósito claro, e nossas ações se alinham com o que realmente nos move. Criar a partir de um sonho é criar com a alma, com paixão e com um senso de missão que dá significado ao que fazemos.

Permita-se imaginar e deslumbrar realidades que ainda não existem. Deixe que seus sonhos guiem sua criatividade, levando você explorar novos caminhos, a superar desafios e a transformar suas visões em algo tangível e impactante. Afinal é nos sonhos que nascem ideias que podem mudar o mundo, e é através da criatividade que damos vida a esses sonhos.

3 PROCURE FELICIDADE NAS PEQUENAS COISAS

Quando voltamos nosso olhar para o simples, começamos a perceber que a criatividade não está apenas nas grandes realizações ou nas ideias grandiosas, mas também nos momentos cotidianos.

A brisa suave de uma manhã, o aroma de um café, o som de risos compartilhados; tudo isso carrega consigo uma poesia sutil que pode despertar nossa imaginação e renovar nosso espírito criativo. A simplicidade nos ensina a valorizar o momento presente, a encontrar alegria naquilo que é acessível e a reconhecer o extraordinário no ordinário.

Procurar felicidade nas coisas simples também nos ensina a ser mais adaptáveis e inovadores; pois quando apreciamos o simples, aprendemos a fazer mais com menos, a transformar o que está ao nosso alcance em algo significativo. Essa abordagem minimalista à criatividade, nos leva a explorar novas formas de expressão, onde a qualidade e o propósito superam a quantidade e o excesso.

Portanto, procure a felicidade nas coisas simples e permita que essa alegria se torne uma fonte de criatividade em sua vida. Ao valorizar o que é simples, você encontrará uma riqueza de inspiração ao seu redor, a sua criatividade se tornará uma expressão natural e contínua de gratidão e amor pela vida.

É na simplicidade que a essência da criatividade se revela, mostrando que as maiores ideias muitas vezes nascem dos menores momentos.

4 MANTENHA-SE DISPOSTO A APRENDER

A palavra disciplina tem a mesma raiz da palavra discípulo. O significado da raiz é "processo de aprendizagem". Aquele que se mostra disposto a aprender é um discípulo, e a atitude de estar disposto a aprender é disciplina.

O homem realmente disciplinado não se prende a nada; a cada momento, ele morre para qualquer coisa que tenha vindo a saber e volta a ser ignorante. Essa ignorância é verdadeiramente luminosa. Uma das experiências mais belas da existência é estar num estado de luminosa ignorância. Quando se está neste estado, você está aberto, não há barreira em seu ser, você está disposto a investigar.

Manter-se disposto a aprender é uma escolha poderosa que nos capacita a viver, apesar dos inevitáveis, plenamente cada momento sem ligação com o passado nem com o futuro. Viva o momento e suas reações serão plenas. Essa plenitude é sublime, essa plenitude é criatividade. Com isso, tudo o que você fizer terá beleza própria.

LIBERDADE E RESPONSABILIDADE

Liberdade e Responsabilidade acabam juntas ou permanecem juntas.

Quanto mais você ama a liberdade, mais estará pronto para aceitar a responsabilidade. Mas fora do mundo, fora da sociedade, não existe possibilidade de responsabilidade. E é preciso lembrar que tudo que aprendemos, aprendemos sendo responsável.

O passado destruiu a beleza da palavra "responsabilidade". Ele a tornou algo quase equivalente a dever, o que na verdade não é. O dever é algo feito com relutância, como parte da sua escravidão espiritual. Os deveres com relação aos mais velhos, ao marido, aos filhos não são responsabilidades. É muito importante entender a palavra "responsabilidade". Você precisa dividi-la em duas partes: resposta e capacidade.

Portanto, responsabilidade significa a capacidade de resposta. Você pode agir de duas maneiras. Uma é a reação; a outra é a resposta. A reação vem dos condicionamentos do passado, é mecânica. A resposta vem da sua presença, da sua percepção, da sua consciência; não é mecânica.

A capacidade de responder é um dos maiores princípios do crescimento. Você não está seguindo nenhuma ordem, nenhum dever, está simplesmente seguindo a sua consciência.

Renunciando ao mundo, fugindo para a floresta ou para as montanhas, você está simplesmente fugindo de uma situação de aprendizado. Escondendo-se em uma caverna você não teria nenhuma responsabilidade, mas lembre-se de que sem responsabilidade você não pode crescer, a sua consciência continuará estagnada.

Para crescer você precisa enfrentar, encontrar, aceitar os desafios das responsabilidades.

Aqueles que renunciam ao mundo e a sociedade são escapistas. Eles na verdade renunciam às próprias responsabilidades, sem entender que no momento em que renunciam as suas próprias responsabilidades, também renunciam a liberdade.

Essas são as complexidades da vida!

Ser verdadeiramente livre, implica em tomar decisões conscientes e éticas que respeitem a liberdade dos outros. Portanto, a liberdade não é um direito absoluto de fazer o que se quer, mas um equilíbrio entre o próprio desejo de ser livre e o impacto de nossas ações na vida dos outros seres.

Esta responsabilidade é que transforma a liberdade em uma força positiva na sociedade, promovendo harmonia e respeito mútuo.

Responsabilidade está muito mais além de ser uma mera obrigação ou dever externo, mas uma expressão de nossa conexão com o universo, com os outros seres e com a espiritualidade. É a consciência de que somos cocriadores da realidade em que vivemos.

Nossas ações, pensamentos e intenções têm um impacto que ultrapassa o plano material, eles reverberam em níveis sutis, afetando a energia em nosso redor e influenciando o equilíbrio do todo.

Ser responsável, é ter a capacidade de saber responder às diversas situações que a vida nos apresenta. É saber qual é o nosso papel no mundo e sobre a forma como lidamos com as nossas escolhas e ações.

Responsabilidade é um compromisso profundo com a verdade, com o amor e com o bem-estar de todos os seres. É um caminho de vida que nos convida a agir com consciência, a viver com propósito e a contribuir com a evolução espiritual do mundo.

A ESSÊNCIA DA EXISTÊNCIA

> *A verdadeira liberdade é viver como seu verdadeiro eu, sem medo, sem culpa e sem necessidade de agradar aos outros. É o voo da alma em sua expressão mais pura.*
>
> (Osho)

A essência da existência é liberdade, palavra que ressoa profundamente no nosso coração. Ela evoca imagens de vastos horizontes, decisões autônomas e a capacidade de viver conforme nossos próprios valores e crenças.

Mas o que realmente significa ser livre? Será que a liberdade é apenas a ausência de restrições, ou há algo mais profundo e essencial que define o verdadeiro sentido dessa palavra?

LIBERDADE EXTERNA

Na superfície, a liberdade é frequentemente associada à autonomia política, social e financeira. Viver em uma sociedade livre significa ter o direito de expressar opiniões, fazer escolhas pessoais e perseguir objetivos sem medo de repressão ou coerção.

Esse tipo de liberdade é fundamental para dignidade humana e está no centro das lutas históricas por direitos civis, independência e justiça social. A liberdade política garante que as pessoas possam viver sem serem subjugadas por tirania ou opressão, permitindo-lhes participar ativamente na construção do destino coletivo.

No entanto, a liberdade externa embora crucial, não abrange todo o significado de liberdade.

LIBERDADE INTERNA

Há uma dimensão interna, muitas vezes negligenciada, que é mais profunda que a liberdade externa. Refere-se a capacidade de libertar-se das limitações imposta pela própria mente. Medos, inseguranças, desejos, crenças arraigadas e condicionamentos.

Estar livre internamente significa não ser prisioneiro das emoções negativas, das expectativas dos outros ou das narrativas que nos impomos. É a liberdade de viver no presente sem ser controlado pelo passado ou ansioso pelo futuro. Essa forma de liberdade exige uma profunda autocompreensão e a coragem de enfrentar e superar as barreiras que criamos dentro de nós mesmos.

FALSA LIBERDADE

A falsa liberdade é como uma miragem no deserto, parece promissora e atraente à distância, mas ao nos aproximarmos, percebemos que não há substância, apenas vazio.

A falsa liberdade se manifesta quando confundimos autonomia com a simples ausência de regras, quando acreditamos que fazer o que queremos, sem limites, é ser livre. Essa visão distorcida nos leva a um caminho de superficialidades, onde a verdadeira essência da liberdade é deixada de lado.

Outra forma da falsa liberdade, surge na busca incessante pelo prazer e pela satisfação imediata. Acreditamos que podemos comprar a liberdade através de bens materiais, status ou validação alheia, como se esses elementos pudessem preencher o vazio interno. Porém essa busca é interminável, pois a verdadeira liberdade não pode ser encontrada fora de nós mesmos. Quanto mais acumulamos, mais percebemos que estamos presos a um ciclo de necessidade e falta, e que o sentimento de liberdade continua sempre um passo adiante, fora do alcance.

Muitas vezes, ao nos rebelarmos contra normas e tradições, acreditamos estar rompendo grilhões e conquistando autonomia, mas essa rebeldia não está fundamentada em um propósito genuíno, torna-se apenas uma reação impulsiva, sem a profundidade necessária para uma transformação real. A verdadeira liberdade não é simplesmente fazer o oposto do que nos é imposto, mas sim encontrar um caminho que seja autêntico e alinhado com nossa essência.

A maior prisão, no entanto, é interna. Somos reféns de nossos medos, inseguranças, traumas e padrões de pensamentos limitantes que nos mantêm estagnados. A falsa liberdade é não reconhecer essas correntes invisíveis que carregamos e continuar agindo como se estivéssemos no controle. Para se libertar verdadeiramente é preciso a audácia de olhar para dentro, reconhecer essas amarras e trabalhar para dissolvê-las.

LIBERDADE OU FUGA?

É comum nos questionarmos se estamos realmente buscando a liberdade ou apenas tentando escapar de algo. A linha que separa esses dois conceitos é muito tênue, mas a diferença entre eles é substancial. Liberdade é a determinação de dizer "sim" ao que ressoa com nossa alma e dizer "não" ao que não nos serve, sem medo de julgamentos ou consequências externas. A verdadeira liberdade vem do autoconhecimento e do desapego das expectativas alheias. Ela é encontrada dentro de nós, na nossa capacidade de escolher a vida que queremos viver, independentemente das circunstâncias.

Por outro lado, a fuga é uma tentativa de evitar enfrentar algo que nos causa desconforto, medo ou dor. Quando fugimos, estamos reagindo a pressões externas ou internas, tentando escapar de situações que nos desafiam ou que nos forçam a olhar para dentro e encarar aspectos de nós mesmos que preferíamos ignorar. A fuga pode se manifestar de várias maneiras: mudando constantemente de ambiente, relacionamentos ou ocupações, buscando distrações excessivas, ou mesmo mergulhando em hábitos que nos anestesiam da realidade. Fugir é viver de forma reativa, sempre tentando se proteger do que é percebido como uma ameaça, seja real ou imaginária. Para discernir se estamos em busca da liberdade ou fugindo de algo, precisamos nos fazer perguntas honestas: o que me motiva tomar essa decisão? Estou agindo a partir de um lugar de amor por mim mesmo ou de medo? Essa escolha me aproxima do meu verdadeiro eu ou me afasta ainda mais de quem sou?

A liberdade traz um senso de paz interior e plenitude, enquanto a fuga gera uma sensação contínua de insatisfação e inquietude. Quando buscamos a liberdade encontramos leveza, memo nas adversidades, pois sabemos que estamos vivendo de acordo com nossa verdade. Em contraste, quando fugimos, carregamos um peso constante, pois estamos sempre tentando escapar de algo que, no fundo sabemos que precisa ser enfrentado... É importante lembrar que liberdade é abraçar a vida com todas as suas nuances, reconhecendo que cada experiência, por mais desafiadora que seja, contribui para o nosso crescimento e expansão.

Reconhecer a diferença entre liberdade e fuga é essencial. Isso nos permite fazer escolhas mais conscientes, que nos aproxima de uma vida mais autêntica e plena. Afinal, viver em liberdade é ter a ousadia de ser quem somos, enquanto viver em fuga é tentar, incessantemente, escapar daquilo que precisamos encarar.

ÚLTIMA LIBERDADE

Ode à Liberdade"
Grande momento de decisão!
Estás, ó humanidade, liberta!
A mais nobre das lutas travadas,
Do pesado jugo da servidão.
Desperta, e cheia de fé,
Do erro, da dúvida, te libertas,
O homem renasce a luz da verdade,
Reencontra sua própria dignidade.
(Frederich Schiller)

A famosa "ode à liberdade" de Schiller é mais que uma mera celebração poética...é um chamado à consciência. Expressa a importância da liberdade como um direito essencial e uma condição para dignidade humana.

Liberdade é uma das condições mais preciosas da existência humana, abrangendo tanto o direito de viver sem restrições externas, quanto a capacidade de libertar-se das correntes internas que nos limitam.

É uma condição dinâmica que requer responsabilidade, ética e um compromisso com a dignidade e a autonomia de todos os seres humanos. A verdadeira liberdade é aquela que nos permite viver autenticamente, em harmonia conosco mesmos; e só pode ser encontrada quando a mente está livre de condicionamentos, isto é, livre de medos, desejos, tradições, crenças e padrões de pensamento que nos são impostos pela sociedade, pela cultura e pela própria estrutura psicológica. Esses condicionamentos são prisões invisíveis que limitam nossa percepção e compreensão do mundo.

Para alcançar essa liberdade se faz necessário a auto-observação, a meditação e a percepção direta. Ao observar nossos pensamentos e emoções sem julgamento ou interferência, começamos a compreender as raízes de nossos condicionamentos e, assim podemos libertarmo-nos delas. Este processo de libertação não é um esforço consciente de moldar a mente, mas um estado de atenção plena que permite à mente libertar-se por si mesma.

A liberdade está intrinsecamente ligada à verdade, a busca pela verdade, que é percebida não como verdade absoluta, mas como uma compreensão profunda do que é real e verdadeiro no momento presente; este é o caminho pra a verdadeira liberdade. Isso significa viver sem ilusões, sem enganos e sem as distorções que a mente condicionada cria.

Liberdade é o estado em que a mente está em completa quietude e clareza, sem as divisões internas criadas pelo ego ou pelas influências externas. É um estado de pura consciência e integração com a vida, onde não há conflito, medo ou separação.

Neste estado de liberdade, a pessoa não está somente livre para agir, mas também para ser. Ser verdadeiramente consciente, presente e em harmonia com a totalidade da existência.

REFLETINDO SOBRE A ÚLTIMA LIBERDADE

Nem eu sou desapegado... nem estou apegado. Eu deixo as coisas acontecerem, o que quer que aconteça.

Não tenho mais planos e não tenho mais estilo para impor à vida. Eu vivo espontaneamente!

Tudo acontece, eu não tenho mais julgamento, eu não digo "deveria ter sido assim" ... Eu não tenho "deveres", não tenho "não devo".

Nenhum plano, nenhuma frustração, nenhum arrependimento – porque nada nunca está errado. Como algo pode dar errado, quando você não tem ideia do que está certo?

Esta é a última liberdade!

O EGO É O VERDADEIRO OBSTÁCULO

O ego é entendido como a construção da nossa identidade individual. Nossos pensamentos, crenças, desejos e medos. É o verdadeiro obstáculo para a liberdade. O ego busca proteger e afirmar a sua identidade, criando uma separação entre "eu" e os outros. Ele se apega a ideias e padrões de comportamento que sustentam essa identidade. Esse apego e essa separação geram conflitos externos e internos, alimentando medos, ansiedade e uma sensação de insuficiência.

No entanto a liberdade envolve a capacidade de ver além dessas construções mentais e emocionais que o ego cria. É a libertação das limitações impostas pelo ego. É um estado em que a mente não está mais presa a essas ilusões e condicionamentos que o ego perpetua.

Através da observação e compreensão dos mecanismos do ego, podemos começar a dissolver as barreiras que ele cria. Isso não significa eliminar o ego, mas transformá-lo. Reduzir suas influências, de modo que ele deixe de ser o centro de nossa existência e passe a ser apenas uma parte funcional de nossa experiência de vida.

Quando o ego é colocado em seu devido lugar, a mente se torna mais clara, menos reativa e mais aberta. Essa clareza permite que experimentemos a liberdade como um estado de ser. Neste estado a liberdade não é uma licença para satisfazer desejos egocêntricos, mas sim uma expressão de nossa verdadeira natureza, que está conectada a algo maior que o ego.

A última liberdade é libertar-se da força do ego. É a capacidade de viver de forma plena e consciente, sem ser controlado pelos medos, desejos e ilusões que o ego cria.

É um estado de paz interior, onde a mente não está mais dividida, mas unificada em sua essência permitindo-nos viver com autenticidade, compaixão e sabedoria.

SEJA SUA PRÓPRIA LUZ

Em meio as encruzilhadas da vida, há um chamado que ecoa profundamente em cada um de nós, o chamado para sermos verdadeiros. Ser livre não é apenas um estado de ser, mas uma jornada de descoberta interior. É um convite para desatar os nós que nos prendem ao passado e abrir as asas de nossa essência.

Cada um carrega consigo uma luz única, um brilho que não pode ser replicado nem apagado. Seguir essa luz significa honrar quem somos, reconhecendo nossas singularidades e aceitando nossas imperfeições como parte de nosso encanto.

É dançar ao ritmo de nossa própria alma, mesmo que o mundo insista em impor melodias diferentes.

Ser livre é mais do que apenas fazer escolhas, é abraçar a responsabilidade de criar o próprio destino. É encontrar coragem nas pequenas decisões diárias e na grandeza dos sonhos que habitam em nós. É caminhar com os pés descalços na terra firme da autenticidade, sem medo de deixar pegadas que contém a história de quem realmente somos.

Seja livre... e siga sua própria luz!!

Há uma presença divina que vive em você. Ela é a essência da nossa alma, uma centelha do criador que nos conecta com o infinito. Ser sua própria luz é reconhecer essa divindade interior, é se permitir ser guiado por essa fonte inesgotável de sabedoria e amor que reside em nosso ser.

É fácil nós perdermos em meio as ilusões do mundo material, esquecendo que a verdadeira luz não vem de fora, mas de dentro. É no silêncio da meditação, na quietude da oração, que encontramos a chama sagrada que ilumina nosso caminho.

É necessário destemor e um olhar para dentro, confrontar as sombras e os medos que obscurecem nossa verdadeira natureza. É através deste enfrentamento que purificamos nossa alma, permitindo que a luz brilhe cada vez mais forte, iluminando não apenas nosso caminho, mas também o de outras que se encontram na escuridão.

Essa luz interior é nossa conexão direta com o divino, é a voz suave que nos guia em momentos de dúvida, é o conforto que nos envolve em tempos de dor, é a sabedoria que nos orienta em cada decisão. Quando nos alinhamos com essa luz, vivemos em harmonia com o propósito maior de nossas vidas. Nos tornamos faróis de paz, amor, compaixão, espalhando luz em um mundo que tanto precisa.

Ser sua própria luz é também um ato de rendição espiritual. É confiar plenamente no processo da vida, sabendo que, independentemente das circunstâncias externas, essa luz nunca se apaga. Ela é eterna, imutável e infinita, sempre presente para nos guiar de volta ao caminho da verdade e da unidade com o todo.

Permita que sua luz brilhe sem medo, sem hesitação. Acolha a divindade que habita em seu interior e deixe que ela seja sua guia em cada passo da jornada. Porque ser sua própria luz é, em última estância reconhecer que você é uma expressão do amor e da luz divina. É reconhecer a grandiosidade de ser exatamente quem você é.

Poema:

"SEJA LUZ"

Seja luz no meio da escuridão,
Seja farol que guia o coração,
Brilhe suave, brilhe sem cessar,
Semeie esperança no seu caminhar

Seja luz na lágrima que cai,
No silêncio que acolhe e que atrai,
Ilumine os passos de quem se perder,
Ofereça o amor que há dentro do ser.

Seja luz onde houver dor,
Uma chama viva, um sopro de calor,
Desperte a paz onde há aflição,
Seja o abraço, o alento, a mão.

Seja luz mesmo em dias nublados,
Nas estradas difíceis, nos becos calados,
Deixe seu rastro de estrela e clarão,
Ilumine a vida, transforme o chão.

Seja luz, sem medo de ser,
Um farol no mundo, um jeito de viver,
Pois cada faísca que brilha e reluz,
É um convite ao mundo: Seja também luz.
(Iara Dreckmann)